Jamón

para **dummies**®

Jamón para dummies

Enrique Tomás

para dummies

Edición publicada mediante acuerdo con Wiley Publishing, Inc.
...For Dummies, el señor Dummy y los logos de Wiley Publishing, Inc. son marcas registradas utilizadas con licencia exclusiva de Wiley Publishing, Inc.

Ilustraciones del interior:
© Miguel Ángel Rodríguez (págs. 31, 32, 35, 46, 50, 51, 57, 63, 88, 102, 106, 107 y 108)
© Dani Solans (págs. 25, 138, 140, 141, 142, 144, 145, 146 y 147)

Fotografías del interior:
© Dani García Sarabia (págs. 43, 56, 70, 94, 101, 103 y 107)
© iStock Photo (pág. 36)
© Shutterstock (págs. 30, 94, 95 y 104)

Grupo Planeta
Avda. Diagonal, 662-664
08034 – Barcelona

ISBN: 978-84-329-0400-4
Depósito legal: B. 22.245-2017

Primera edición: noviembre de 2017
Preimpresión: Toni Clapés
Impresión: Black Print

Impreso en España - *Printed in Spain*
www.dummies.es
www.planetadelibros.com

¡La fórmula del éxito!

- Un tema de actualidad
- Un autor de prestigio
- Contenido útil
- Lenguaje sencillo
- Un diseño agradable, ágil y práctico
- Un toque de informalidad
- Una pizca de humor cuando viene al caso
- Respuestas que satisfacen la curiosidad del lector

¡Este es un libro ...*para Dummies*!

Los libros de la colección ...*para Dummies* están dirigidos a lectores de todas las edades y niveles de conocimiento interesados en encontrar una manera profesional, directa y a la vez entretenida de aproximarse a la información que necesitan.

Millones de lectores satisfechos en todo el mundo coinciden en afirmar que la colección ...*para Dummies* ha revolucionado la forma de aproximarse al conocimiento mediante libros que ofrecen contenido serio y profundo con un toque de informalidad y un lenguaje sencillo.

www.dummies.es
www.facebook.com/paradummies
@ParaDummies

¡Entra a formar parte de la comunidad Dummies!

El sitio web de la colección *...para Dummies* está pensado para que tengas a mano toda la información que puedas necesitar sobre los libros publicados. Además, te permite conocer las últimas novedades antes de que se publiquen y acceder a muchos contenidos extra, por ejemplo, los audios de los libros de idiomas.

Desde nuestra página web, también puedes ponerte en contacto con nosotros para comentarnos todo lo que te apetezca, así como resolver tus dudas o consultas.

También puedes seguirnos en Facebook (www.facebook.com/paradummies), un espacio donde intercambiar impresiones con otros lectores de la colección, y en Twitter (@ParaDummies), para conocer en todo momento las últimas noticias del mundo *...para Dummies.*

10 cosas divertidas que puedes hacer en www.dummies.es, en nuestra página de Facebook y en Twitter @ParaDummies

1. Consultar la lista completa de libros *...para Dummies.*
2. Descubrir las novedades que vayan publicándose.
3. Leer en exclusiva los primeros capítulos.
4. Suscribirte a la Newsletter de novedades editoriales.
5. Trabajar con los contenidos extra, como los audios de los libros de idiomas.
6. Ponerte en contacto con la editorial y con otros lectores para intercambiar opiniones.
7. Participar en concursos y ganar premios.
8. Publicar tus propias fotos en la página de Facebook.
9. Conocer otros libros publicados por el Grupo Planeta.
10. Informarte sobre promociones, descuentos, presentaciones de libros, etc.

Descubre nuestros interesantes y divertidos vídeos en nuestro canal de Youtube: www.youtube.com/paradummies
¡Los libros Para Dummies también están disponibles en e-book!

Sumario

Sobre el autor

Enrique Tomás (1966) es un claro ejemplo de empresario hecho a sí mismo. Sus inicios se remontan a cuando era un adolescente: con solo dieciséis años empezó a trabajar en el puesto de charcutería de sus padres, en el mercado de la Salut de Badalona, en los alrededores de Barcelona. Actualmente posee un centenar de tiendas especializadas en la venta de jamón, sobre todo ibérico. La mayor parte de ellas se encuentran en España, pero también en lugares tan dispares como Londres o Ciudad de México. En la capital británica posee locales en espacios y barrios tan emblemáticos como Covent Garden, el Soho y Westfield Stratford, uno de los mayores centros comerciales de Europa.

Es, además de un gran experto, un entusiasta del producto que vende, su adorado jamón. A través de sus tiendas, y de libros como el que tienes en las manos, difunde sus conocimientos. De hecho, hace tiempo que ha iniciado una especie de "cruzada" para que el jamón, especialmente el ibérico, sea cada vez más conocido y apreciado en el mundo. Porque todavía hay quien piensa que todos los jamones son iguales, y no es así. Los hay de diferentes tipos, calidades y precios, como verás en este libro, aunque todos ellos son un regalo para el paladar.

Jamón para Dummies forma parte de esta labor de "evangelización" amable y necesaria de Enrique Tomás, sin duda uno de los mayores expertos del mundo en esta delicia llamada jamón.

Introducción

Llevo toda la vida comprando y vendiendo jamones, y desde que empecé he tenido claro mi objetivo: que las personas que compran en mis tiendas disfruten del jamón que se llevan. También me quiero ganar la vida, por supuesto, no soy una ONG, pero sé que si disfrutan volverán y querrán probar otros tipos de jamón, otras denominaciones de origen, otros cortes, otros sabores. Es decir, pasaré de tener simples clientes a tener fieles apasionados.

Esto es justamente lo que pretendo con este libro: que disfrutes todavía más del jamón y que te enamores de él, sea del tipo que sea y tenga el precio que tenga. Porque, en realidad, el jamón que no hace disfrutar es caro... ¡y el que hace disfrutar no tiene precio!

Con los jamones pasa igual que con la pintura: cuanto más sabes sobre un cuadro, sobre su autor, sobre su época y sobre las técnicas pictóricas, más aprecias la obra. Los buenos jamones, los que se elaboran con mimo y paciencia durante años, son verdaderas obras de arte. Y cuanto más sabes sobre ellos, más valoras lo que hay detrás y más disfrutas de lo que tienes delante.

Antes que nada debo decirte que este no es un libro sobre el jamón... ¡es un libro sobre el placer! Porque, como decimos siempre en mi empresa, el jamón no es para llenar el estómago, es para disfrutar. Uno puede llenar el estómago con millones de productos: verduras y frutas excelentes, legumbres cocinadas con la sabiduría de las abuelas, pescado y marisco recién salido del mar... Pero, con todo mi respeto, ninguno de estos productos ha pasado por un proceso de elaboración tan sofisticado como el jamón, ni ha necesitado de la participación de expertos jamoneros que durante largos inviernos han vigilado día a día que las condiciones de humedad y temperatura fueran las idóneas para obtener una buena curación. Ninguno de ellos condensa la experiencia y la sabiduría de generaciones y generaciones dedicadas a mejorar el proceso basado en el ensayo y error, a base de entrenar el paladar para encontrar todos los matices y proporcionar al consumidor final una experiencia única. Porque comer jamón, cuando el jamón es bueno, no es solo alimentarse: es toda una experiencia. Y si el jamón es ibérico y bueno entre los buenos, me atrevería a decir que una experiencia casi mística.

El jamón ibérico, como te explicaré en el libro, es mucho más que un simple alimento. Se produce exclusivamente en España y es el más exquisito y exclusivo que puedes encontrar. Forma parte de nuestra cultura, de una tradición y de una forma de ver y entender la vida. Como el salmón para los nórdicos, el caviar para los rusos o el *foie* para los franceses. Es, como los cuadros de Dalí, Miró o Picasso, un producto *made in Spain* único e inimitable que entregamos al mundo para su disfrute.

Al final, te seré sincero, este libro pretende que compres jamón, pero sabiendo lo que estás comprando. Porque somos muchos los que de una forma directa o indirecta vivimos de este negocio, empezando por los ganaderos y acabando por las personas que te atienden detrás de un mostrador. Y porque somos muchos los que tratamos de mantener esta gran tradición consistente en congregar amigos y buenos momentos alrededor de una mesa. Mi propósito es explicarte lo que sé sobre el jamón para que, cuando lo consumas en cualesquiera de sus formas, sepas lo que hay detrás de tu disfrute. Porque, insisto, el jamón no es para quitar el hambre, sino para disfrutar. ¡Es placer para los sentidos!

Hay pocos productos que gusten a casi todo el mundo, y el jamón es uno de ellos. Recuerdo que cuando mi hijo Albert era pequeño, tendría unos doce años, un día llegó de la escuela y me dijo satisfecho: "Papá, hemos dado en el clavo dedicándonos al jamón. A todos mis amigos les gusta". Ahora me acompaña en la empresa familiar, como mi hija Núria, lo cual me llena de orgullo.

Sin más, te doy la bienvenida a este libro y a mi mundo. El mundo del jamón.

Acerca de este libro

Después de toda una vida dedicada al jamón y de convertirme, modestia aparte, en uno de los mayores entendidos en la materia, es inevitable que cuando voy a cenas o reuniones me hagan preguntas del tipo: cómo se puede distinguir un jamón bueno de otro no tan bueno, qué tipos hay, cómo debo cortarlo y servirlo, cómo lo conservo, etc. Casi siempre acabo hablando de jamón, lo cual no me molesta, porque para mí es mucho más que un *modus vivendi*: es un sentimiento, una pasión.

Serán miles de preguntas las que acumulo después de tantos años. De hecho, me bastaría con transcribirlas para llenar unos cuantos libros. Pero mi intención aquí es diferente: quiero que aprendas de una forma ordenada, desde lo general hasta lo concreto, todo lo que necesitas saber para disfrutar más y mejor del jamón. No para que te conviertas en un experto o una experta, sino para que lo disfrutes. Por eso, procuraré ser ordenado e ir por partes:

Parte I: Orígenes e historia del jamón

Haremos un breve repaso a su historia y a su evolución social como alimento. Te mostraré algunas curiosidades, como el origen de la palabra "jamón" o las referencias al mismo en el arte y en la cultura popular (¡en España hay decenas de dichos y proverbios que tienen el jamón como protagonista!).

Parte II: El cerdo, ese gran desconocido

Después te hablaré del cerdo, mejor dicho, de los diferentes tipos de cerdo que hay y de por qué unos son buenos para hacer jamón y otros no. Porque no es lo mismo un cerdo ibérico que un cerdo vietnamita (que por supuesto no sirve para hacer jamón, al menos hasta donde yo sé). No solo es importante la raza, sino también cómo se cría: un cerdo alimentado con bellotas y criado en el monte es un claro candidato a darnos un sabroso jamón ibérico, a diferencia de otros criados con pienso y en granjas, que aunque permiten hacer jamón no ofrecen la misma calidad ni el mismo sabor.

Parte III: Generalidades sobre el jamón

Mi propósito es que sepas realmente qué es jamón y qué no (hay alimentos que se le parecen, pero que son otra cosa). Y, sobre todo, que aprendas a distinguir entre un jamón ibérico y el resto de jamones, pues el ibérico juega en otra liga y está a la altura de las mejores *delicatessen* del mundo.

También veremos la diferencia entre una paletilla y un jamón y aspectos importantes como lo que nos dicen las etiquetas, la normativa sobre el jamón y las diferentes denominaciones de origen o procedencias.

Parte IV: Cómo se cura un jamón

Cuando llega hasta tu paladar, la carne de la pata del cerdo ya es un producto "cocinado". Aquí veremos cómo se cocina ese jamón: cómo se sala, cómo se seca, cómo se realiza un seguimiento de su proceso de curación, etc. Porque para que tú y yo podamos deleitarnos con el sabor único del jamón ibérico cuando se deshace en nuestra boca, una serie de personas han pasado muchas horas velando su sueño en los secaderos, aplicándoles grasa, comprobando que las condiciones de temperatura y humedad sean las adecuadas, etcétera.

Parte V: Nos vamos de compras

¿Dónde es mejor comprar jamón? ¿Cómo debe estar expuesto? ¿Cambia el sabor si nos lo cortan a mano o a máquina? ¿Caduca? ¿Es mejor comprar un jamón entero o un sobre? ¿Cómo debe estar envasado para que conserve todas sus propiedades? En esta parte responderemos a todas estas cuestiones.

Una vez lo tenemos en casa, se abren nuevos interrogantes: ¿es mejor conservarlo en la nevera o fuera? ¿Lo podemos congelar? ¿Cuánto tiempo se mantiene una vez abierto el sobre? Si es una pieza entera, ¿cómo se debe cortar? ¿Hace falta un cuchillo especial? Y un largo etcétera de dudas que por fin despejaremos.

Parte VI: ¿Crees que ya lo sabes todo sobre el jamón?

Esta parte te aportará algunos datos de interés sobre dónde se produce el jamón ibérico, cuántos jamones se fabrican y se venden al año, en qué países se consumen, etc. Porque las estadísticas también nos pueden ayudar a valorar la exclusividad del jamón ibérico. También te explicaré qué debes tener en cuenta si quieres enviar jamón a otro país o llevarlo contigo.

Por otra parte, trataremos de desmentir una serie de ideas preconcebidas sobre el jamón que, a menudo, llevan a confusión e impiden su disfrute pleno.

Y como se trata de eso, de disfrutarlo plenamente, veremos cuál es su papel en la gastronomía. Aunque lo ideal es consumirlo tal cual, como el *foie* o el salmón ahumado, no hay que cerrarse a las infinitas posibilidades que ofrece a nivel gastronómico, por ejemplo, en combinación con verduras, como complemento de algunos platos o, aunque parezca sencillo, como ingrediente principal de un buen bocadillo.

Y, como el buen jamón no empacha, acabaremos con un cata para apreciar y valorar los diferentes tipos de jamón. Te explicaré cómo quedar ante los amigos como un auténtico entendido organizando una cata en casa. Porque los grandes placeres de la vida son mucho más intensos si se comparten.

Parte VII: Los decálogos

Siempre hay quien va con prisas y no tiene tiempo de entrar en detalles. Aunque esto no es lo recomendable para disfrutar del jamón, aquí tienes una serie de pautas condensadas en forma de decálogos sobre cómo elegirlo, cómo conservarlo, cómo cortarlo y cómo organizar una cata.

Si al acabar este último capítulo todavía no has salido a comprar al menos un sobre de 80 g de buen jamón ibérico, solo puede ser por una razón: en realidad eres un zombi y todavía no te has dado cuenta. Así que te daré algunas razones más para que te levantes del sofá o del sillón, vayas a tu tienda más próxima y pidas que te corten unas cuantas lonchas. Luego te meterás una en la boca y sentirás que vuelves a la vida. ¡Porque un buen jamón revive a un muerto!

Jamon experience

Lo que pretendo es aclarar conceptos. Que sepas más sobre el jamón. Que ordenes algunas nociones y conocimientos sobre su historia, sus orígenes y su proceso de elaboración. Que lo valores, pues se trata de un alimento extraordinario (especialmente, el jamón ibérico). Que no te lo comas sin más, sin degustarlo ni ponerlo en valor.

Me siento muy orgulloso del jamón ibérico. Este sentimiento me ha impulsado en ocasiones a quejarme ante las administraciones públicas, que no lo defienden con todo el ímpetu que podrían. Sin duda, una legislación europea que nos amparase y definiera lo que es el jamón ibérico (el producido en la península Ibérica con cerdos que, como mínimo, son en un 50 % de raza ibérica) abriría todavía más las puertas a la exportación y al conocimiento de este singular y excepcional producto.

Hasta hace poco el jamón se vendía solo en supermercados y en charcuterías, donde convivía con otros tantos productos procedentes del cerdo.

El charcutero te podía dar o no información acerca del jamón, igual que el fabricante podía o no facilitarle información al charcutero. Así, pocas veces llegaba al cliente final una información correcta, contrastada y de calidad para que pudiera decidir y elegir con conocimiento de causa. Por eso decidí crear mis "jamonerías", para explicárselo todo, y bien, al consumidor final.

De hecho, la palabra "jamonería" todavía no existe formalmente, nos la hemos inventado en Enrique Tomás. Hemos contactado con la Real Academia de la Lengua Española para que estudien la posibilidad de incorporarla al diccionario como palabra de uso habitual. Su definición es muy sencilla: "tienda donde se vende jamón". El lugar donde compras la fruta se llama "frutería"; donde compras los zapatos, "zapatería". Por tanto, reivindicamos que donde compres el jamón se llame "jamonería".

Fuera de España, la *jamon experience* llega cada día a más personas. A nuestras tiendas en Londres las hemos llamado "Jamon Shop", así, sin traducción, pues no es lo mismo el jamón que el *ham*. El jamón ibérico es un producto único, y no se debe confundir con otros tipos de jamón.

A quién va dirigido este libro

En España todo el mundo cree entender de dos cosas: de fútbol y de jamón. En las casas, en general, se habla poco de política, pero una discusión sobre si tu equipo de fútbol ha jugado bien o mal puede durar horas, igual que una discusión sobre si el jamón se debe tapar con su propia grasa después de cortarlo o es mejor hacerlo con un trapo de algodón. Hay opiniones encontradas y no siempre fundamentadas, aunque, eso sí, defendidas con pasión. Porque el jamón es, como el fútbol o en su momento los toros, un tema de interés nacional.

Las discusiones surgen porque hay un desconocimiento que resulta de informaciones contradictorias y, a menudo, interesadas. No culpo a nadie, pero es cierto que parte de la responsabilidad de esta situación radica de los propios productores, que han explicado y vendido el producto en función de sus propios intereses, haciendo así un flaco favor al sector en su conjunto.

Para aclarar las cosas de una vez, este libro también pretende desmentir falsos mitos. De hecho, además de la información contenida en todo el volumen, hay un capítulo específico dedicado a las mentiras y verdades sobre el jamón ("Vamos a contar mentiras"), en el que trato de destruir falsas creencias y aportar conocimiento. En cualquier caso, lo importante, vivas o no en España, es que después de leer este libro estarás en condiciones de opinar con autoridad, lo que siempre es mejor que opinar a secas.

¿A quién va dirigido este libro? A todo el que quiera saber más sobre el jamón o aclarar sus dudas. Y a todo el que quiera aprender para disfrutarlo mejor. No es imprescindible que te guste para leerlo, pero si te gusta ya tienes mucho ganado, pues lo que manda aquí es el paladar. De poco te servirá empollarte una enciclopedia entera si después no te gusta. Aunque, por mi experiencia, hay muy pocas personas a las que no les guste un buen jamón.

Por tanto, este libro va dirigido a ti, tanto si te encanta el jamón como si te deja indiferente, pues estoy seguro de que si sabes más cosas te animarás a darle una segunda oportunidad. No quiero convertirte en un experto, para eso ya estamos los profesionales. Lo que quiero es ayudarte a disfrutarlo. Y para eso es importante que sigas un par de reglas. La primera es que compres siempre el jamón que más te guste, el que te dé más placer, independientemente de lo que te digan los demás o de las creencias generalizadas. La segunda es que, siempre que sea posible, busques un experto que entienda realmente y le plantees tus dudas. Y que te dejes aconsejar, pues este es un mundo mucho más amplio de lo que parece a simple vista. No todos los jamones saben igual. Ni siquiera saben igual las diferentes partes de un mismo jamón.

Hay otras reglas, o más bien consejos, pero ya los irás descubriendo a lo largo del libro.

Iconos usados

Es costumbre en la colección *para Dummies* el uso de iconos junto al texto para llamar la atención del lector sobre algún aspecto importante. Se trata, como verás más adelante, de unos pequeños y simpáticos dibujos que se colocan junto a las explicaciones y que advierten de que aquella información, por el motivo que sea, no te la puedes saltar. Como no quiero que te despistes del objetivo principal del libro, a saber, conocer para disfrutar, me limitaré a usar los cuatro más habituales:

RECUERDA

Lo utilizaré para resaltar alguna información clave o para resumir la idea principal de un capítulo o sección. Si por algún motivo decides saltarte alguna página, al menos lee los fragmentos marcados con este icono para no dejarte nada importante.

CONSEJO

Cuando se pueda elegir entre diferentes opciones o se me ocurra algo que puedas hacer para mejorar tu experiencia con el jamón, utilizaré este icono para indicártelo. Y te diré lo que yo haría en tu lugar, claro.

ADVERTENCIA

Extrema las precauciones cuando te topes con este icono. Se pueden cometer errores a la hora de comer o conservar el jamón que pueden salir muy caros.

INFORMACIÓN TÉCNICA

Por último, aunque trataré de escribir de una forma lo más sencilla y amena posible, en ocasiones me extenderé en algún detalle para aquellos que quieran profundizar un poco. Para que decidas si detenerte o seguir, te lo advertiré con este sencillo icono.

Y a partir de aquí...

Para hacerte la vida más fácil he organizado el libro de manera que puedas, según tus conocimientos, tu curiosidad y tu tiempo, leerlo de manera lineal o bien "picotear" los capítulos que más te interesen. Aunque mi consejo es que lo leas todo (en especial, si crees que sabes de jamón, pues es muy posible que tengas algún prejuicio erróneo), puedes también "picotear" como si estuvieras de tapas en una tasca. Al fin y al cabo, esa es la manera más habitual de comer jamón...

Elaborar un jamón puede llevar hasta cinco años de dedicación. En todo ese tiempo, hasta que llega en forma de manjar exquisito a tu mesa, pasa por muchas manos expertas que lo miman hasta lograr un sabor y una textura únicos. De la misma forma, este libro es el resultado de mis experiencias a lo largo de más de treinta años y de mi relación con decenas de productores, centenares de vendedores y miles de consumidores, por lo que te aconsejo que lo saborees despacio, sin prisas: hoy unas pocas páginas, mañana algunas más... O sea, sin empacharte.

Como si en lugar de un libro fuera un jamón, ábrelo cada vez que quieras disfrutar y ciérralo cuando tengas suficiente. Vuelve a él cada vez que te apetezca. Y compártelo con tus amigos o tus familiares. Porque ese es, justamente, el espíritu del jamón: disfrutar y compartir.

1

Orígenes e historia del jamón

EN ESTA PARTE . . .

Haremos un breve repaso a la historia del jamón y a su evolución social como alimento. Veremos el papel que tiene la sal en sus orígenes y cómo los romanos ya valoraban el *pernac cerretanae*, es decir, los jamones cerretanos, a los que se refiere el poeta Marcial en sus versos.

Te mostraré también algunas curiosidades, como el origen de la palabra "jamón" o las referencias al mismo en el arte y en la cultura. Sin olvidarnos de la cultura popular, pues en España hay muchísimos dichos y proverbios con el jamón como protagonista.

EN ESTE CAPÍTULO

El papel de la sal en la invención del jamón

Los primeros fueron los romanos

Cómo ha evolucionado el jamón como alimento

Capítulo 1

El origen del jamón

La sal

La historia del jamón es paralela a la historia de la conservación de los alimentos, ya que tiene su origen justamente en esta necesidad. Hace 5.000 años nuestros antepasados no podían ir a una gran superficie y comprar una nevera, así que tuvieron que ingeniárselas para disponer de alimento durante las épocas de carestía. Así fue como inventaron los pozos de hielo, por ejemplo, un precedente tosco pero eficaz de los congeladores actuales. Y así fue también cómo buscaron y encontraron, imagino que basado en el ensayo y error, diferentes formas de conservación de la carne y el pescado: el ahumado, el marinado (con aceite, vinagre, limón, etc.) y algunos otros, como el secado y la salazón, que son los que aquí nos interesan, pues estas técnicas, unas vez perfeccionadas, permitieron elaborar los primeros jamones.

Antes de eso, en la prehistoria, el hombre conservaba la carne cortándola en tiras que secaba al sol. Cuando llegó el fuego descubrió, además de la posibilidad de cocinar, otras formas de conservación, como el ahumado. Pero la aparición de la sal lo cambió todo. ¡Fue una auténtica revolución! La sal permitía garantizar buena parte de la aportación de alimentos, en concreto de carne y pescado, en épocas de escasez. Su uso como conservante fue fundamental para el desarrollo y crecimiento de la especie humana y para la expansión de algunas civilizaciones. Según las evidencias de que disponemos, se empezó a usar como método de conservación hace casi cinco milenios. Existen pruebas de que ya se utilizaba para aderezar platos en la época del emperador chino Huangdi, hacia el año 2670 a.C., y que los egipcios ponían carnes en salazón con el fin de conservarlas más tiempo. Más adelante, los celtas empezaron a explotar minas de sal, en concreto cerca de Salzburgo, cuyo significado es, justamente, "la ciudad de la sal". Esta zona debe originalmente su prosperidad al comercio de la sal, que se consideró durante mucho tiempo "el oro blanco" por su gran valor.

El cerdo

Tenemos, por tanto, la sal, pero nos falta el cerdo. ¿Cuándo se convirtió en un animal doméstico? Es difícil responder a esta pregunta con absoluta certeza. Se sabe que los egipcios de la tercera dinastía (2700-2630 a.C.), la primera de las cuatro dinastías que formaron el Imperio Antiguo, ya poseían cerdos domesticados. Y se sabe también que conocían algunas técnicas de conservación de las carnes y que las usaban con algunas partes de los cerdos y de las vacas. También hay pruebas de que la grasa del cerdo, así como la de otros animales, era usada para determinados tratamientos de enfermedades. Sin embargo, y por causas poco claras, los cerdos acabaron convirtiéndose en el Antiguo Egipto en animales impuros. Se decía que si alguien tocaba un cerdo, aunque fuera por accidente, debía sumergirse en las aguas del Nilo para purificarse.

El cerdo, probablemente, llegó a la península Ibérica de la mano de los fenicios, que establecieron su primer asentamiento hacia el año 1100 a.C. en lo que hoy es Cádiz, por entonces Gádir. Los fenicios crearon salinas y saladeros en las costas españolas del sur y del Levante. Allí salaban pescados y carnes para comercializarlos posteriormente por todo el Mediterráneo. De hecho, sus salazones de pescado tuvieron fama durante siglos.

También hay constancia histórica de que en la época inmediatamente anterior al Imperio romano los íberos ya comerciaban con algunos embutidos, entre ellos, al parecer, el jamón. Por tanto, cuando llegaron los romanos a la península Ibérica el jamón ya existía como alimento, en concreto en el sur de lo que hoy es España. No es de extrañar que siga siendo allí, justamente, donde sigue teniendo más adeptos, ¿verdad?

Con el tiempo, el cerdo fue adquiriendo cada vez más valor económico gracias al jamón, por lo que se convirtió en un animal doméstico muy apreciado. Con el tiempo llegó a serlo tanto que incluso ¡se acuñaron monedas en forma de jamón!

Los romanos y el *pernam*

Desde la Antigüedad, el cerdo ha sido uno de los recursos más socorridos para satisfacer las necesidades de alimentación del ser humano. Seguramente conoces el dicho popular: "Del cerdo todo se aprovecha". Pero la parte que siempre se ha valorado más, la más preciada, es el jamón. En la época romana lo consumían las clases sociales más favorecidas, o sea, los ricos de entonces. También está documentado que comían otras partes del animal que habían estado en salazón: lomos (*tergora* o *tegora*), cabeza (*caput* o *sinciput*), costillas (*costae*) y tocino (*lardum* o *laridum*), entre otras. También datan de la época romana los *botulus*, una especie de morcilla muy apreciada que hoy conocemos como botillo y que se elabora en el norte de la península Ibérica, en concreto en Galicia, Asturias y León.

RECUERDA

Los romanos extendieron las técnicas del salado. Salaban el jamón y las paletillas y los comercializaban, untados con aceite y vinagres para protegerlos de impurezas, por toda Europa. Los ofrecían en una gran variedad de presentaciones: con o sin pezuña, ahumados, grasos, semidescortezados, etc. Ya por entonces diferenciaban claramente el jamón de la paletilla. El primero era llamado *pernam* y el segundo *petasonem*.

La forma de salar y curar el jamón en la época romana ya era muy parecida a la actual. Así lo demuestra la receta que nos legó Catón el Viejo (234-149 a.C.) en su manual sobre cómo se debe dirigir una granja (*De agri cultura* o *Sobre la agricultura*), la única de sus obras que ha sobrevivido en su totalidad: "Se deben salar los jamones dentro de una jarra o tina. Cuando los compres, deberás cortar sus patas. Para cada pata un semodio de sal romana fina; ponla al fondo de la jarra y coloca un jamón con la corteza hacia abajo. Cúbrelo todo de sal. Pon después otro encima y cúbrelo de la misma manera, cuidando que no se toquen las carnes. Así cúbrelo todo. Cuando estén todos los jamones, pon una última capa de sal, vigilando que la carne no asome. Tras cinco días en sal, sácalos todos sin quitarles la sal adherida. Los que estaban arriba en la tina, colócalos abajo y cúbrelos de sal. A continuación, coloca el resto siguiendo las pautas de la primera vez. Pasados doce días, saca los jamones, límpialos de sal y cuélgalos al viento dos días: al tercer día lávalos con una esponja, úntalos de aceite, cuélgalos al humo otros dos días y al tercero, descuélgalos y vuelve a untarlos de aceite y vinagre mezclado y cuélgalos en la despensa. A ellos no se acercarán ni gusanos ni polillas".

La Edad Media

La dominación musulmana de la península Ibérica, que se extendió durante ocho siglos, introdujo algunas restricciones en la elaboración del jamón por ser un alimento prohibido por su religión, pero no lo prohibió del todo. Parece ser que hubo cierta tolerancia hacia algunas costumbres cristianas, entre ellas la cría y el consumo de carne de cerdo. Cuando se produjo la Reconquista, muchos musulmanes se convirtieron al cristianismo, y una de las pruebas que les hacían para demostrar realmente su conversión era comer jamón en público.

En la parte cristiana, durante la Edad Media, la crianza y matanza del cerdo se hacía en gran parte en los monasterios y conventos, pues contaban con mejores medios. Los clérigos se ocupaban de los huertos y animales, y así se aseguraban el consumo de carne durante el año. También comerciaban con algunas piezas, pero solo los señores feudales podían adquirirlas. En el siglo IX se abrió el Camino de Santiago y proliferaron las órdenes monásticas, que poblaron el territorio reconquistado a los musulmanes. Esto facilitó la expansión de la producción de jamones y otros embutidos.

Durante los siglos XII y XIII, España creció y se desarrolló en gran parte gracias a la ganadería. Se empezaron a criar cerdos, aunque de forma todavía limitada. Muchos de ellos pastaban en las dehesas extremeñas para el aprovechamiento de alcornocales y encinares. La matanza se hacía en la época más fría del año para que pudiera conservarse la carne el máximo de tiempo posible. A partir de aquí, a cada parte del cerdo se le daba una salida y se consumía antes o después dependiendo de cuánto tardase en echarse a perder. En función de qué parte del animal fuera, se hacían diferentes embutidos con diferentes maceraciones y especias: chorizo, salchichón, lomo... Y, por supuesto, jamón. En el siglo XVI ya tenían fama los jamones de Trévelez, Jabugo y Guijuelo, entre otros, y durante el siglo XVIII adquirieron reconocimiento internacional, si bien su consumo no se popularizó hasta el siglo XIX.

Tiempos modernos

Desde finales del siglo XIX hasta hoy, la industria jamonera ha vivido un ascenso imparable. En las Exposiciones Universales de París (1867), Viena (1873) y Filadelfia (1876) los jamones españoles recibieron reconocimientos y premios, y en las décadas siguientes llegaron a gran parte del mundo.

La cría del cerdo fue creciendo, incluso a nivel doméstico. A menudo, sobre todo en los pueblos, se mataban en las calles o en las propias viviendas, que utilizaban sus sótanos o bodegas como espacio para la salazón. Luego, para terminar el proceso, subían los jamones a las buhardillas, donde maduraban lentamente de forma natural gracias a las corrientes de aire y a la climatología de las sierras españolas.

De hecho, los procesos y tradiciones se han ido manteniendo. La introducción de la tecnología ha servido para depurarlos y mejorar la calidad del producto. Hoy día conviven productores más tradicionales con fabricantes más tecnológicos. Algunos siguen secando sus jamones mediante el proceso de abrir y cerrar las ventanas de los secaderos para aprovechar al máximo las condiciones naturales. Otros, en cambio, lo han automatizado todo. En cualquier caso, lo importante es conseguir al final el tipo de jamón que el productor se ha propuesto.

INFORMACIÓN TÉCNICA

No fue hasta la década de 1960 cuando se empezó a prestar atención a la raza y a los sistemas de producción, con el fin de lograr una producción intensiva en lugar de extensiva.

Desde los años sesenta hasta hoy, la producción de jamón, tanto a gran escala como en pequeñas industrias, no ha dejado de crecer, convirtiéndose en uno de los manjares más deseados del mundo gracias a su intenso sabor, su textura agradable y su aroma único.

UNA LEYENDA

Como en toda historia, en la nuestra también hay leyendas. Cuenta una de ellas que el jamón nació fruto de la casualidad, en concreto un día en que un cerdo cayó a un arroyo cuyas aguas poseían un elevado contenido en sal y se ahogó. El cerdo en cuestión fue recogido por unos pastores, que lo asaron para comérselo. Entonces descubrieron que la carne salada tenía un sabor mucho más agradable, especialmente las extremidades. A partir de ese momento se corrió la voz y, cuando se sacrificaba un cerdo, sus patas delanteras y traseras se bañaban en sal durante un tiempo. Y poco a poco se fue perfeccionando el sabor. Ya ves: un cerdo ahogado, un río salado y la casualidad. Existen versiones para todos los gustos.

Evolución social

RECUERDA

La historia del jamón nos muestra que se trata de un alimento ancestral que ha sabido perdurar en el tiempo y a través de diferentes culturas. Hoy forma parte de nuestra dieta y se ha convertido en un producto único y representativo de la península Ibérica, probablemente el más característico de la gastronomía española junto con la paella y la tortilla de patatas.

Como hemos visto, al principio y durante siglos fue un manjar de ricos. Las clases más pobres tenían que conformarse con otro tipo de embutidos, cuando se los podían permitir, que no era siempre, o con alimentos más básicos como el pan. Había un dicho que rezaba: "Cuando un pobre come jamón, o está malo el jamón o está malo (enfermo) el pobre".

Con el tiempo, especialmente a partir del siglo XIX, se fue popularizando cada vez más, hasta llegar a la actualidad, donde es posible encontrarlo en cualquier pequeño pueblo de España y en la mayoría de países del mundo. Es decir, se ha convertido en un producto al alcance de la mayoría de la población, pues si bien algunos jamones ibéricos de gran calidad pueden tener un precio elevado, normalmente se pueden encontrar jamones accesibles a todos los bolsillos.

EN ESTE CAPÍTULO

Los poetas romanos ya loaron las virtudes del *pernac*

El jamón, estrella en películas y libros

Repaso de los refranes sobre el jamón

Capítulo 2

Referencias en documentos históricos

Pernac cerretanae

Aunque el jamón se conoce como tal desde hace al menos 2.000 años, no es fácil encontrar documentos antiguos que hagan referencia al mismo. No obstante, algunos hay.

Aparece mencionado en alguna obra literaria de la Grecia Clásica, donde además del jamón se citan el tocino y algunos embutidos: en una comedia de Aristófanes (444-384 a.C.), por ejemplo, su protagonista principal empuña un tarro del que salen chorizos. Sin embargo, es durante la época del Imperio romano cuando aparecen más referencias al jamón. Los primeros escritos que mencionan la salazón de carne de cerdo aparecen a finales del siglo II a.C. y se refieren a las prácticas de conservación.

Séneca (4 a.C.-65 d.C.) habla de los jamones de Hispania como uno de los alimentos que nutrían las mesas de los nobles romanos. Eran famosos los jamones cerretanos (*pernac cerretanae*), a los que se refiere el poeta Marcial en uno de sus versos: "Del país de cerretanos o manopianos, traedme un jamón, los golosos que se ahíten de filetes". Estrabón, coetáneo de Séneca, explica lo siguiente en su libro *Geographica*: "... la mayoría de ellos están ocupados por los cerretanos, pueblo de estirpe ibérica, entre los que se hacen excelentes jamones, comparables a los cantábricos, lo que proporciona ingresos no pequeños a sus habitantes".

Por aquel entonces, los jamones más valorados de toda Hispania eran los de Pompaelo (Pamplona), reservados solo a las clases más pudientes. En el famoso *Edicto de precios* del emperador Diocleciano (301 d.C.), el precio de una pierna de cerdo cerretano estaba fijado en 20 denarios, una cantidad importante para la época. Las casas romanas pudientes poseían una o más estancias destinadas a comedor, el *cenaculum*, y según el poeta Décimo Junio Juvenal (60-140 d.C.), "en los días de fiesta, como, por ejemplo, en el día del natalicio" se servía allí a los invitados "el lomo colgado, jamón y carne".

El jamón en la literatura

CONSEJO

No estaría de más, mientras degustas algunas lonchas de buen jamón, que le eches un vistazo a *Don Quijote*, la celebérrima obra de Miguel de Cervantes (1547-1616). Hay allí varias referencias al jamón, directas e indirectas. En un episodio, por ejemplo, leemos cómo Sancho, su escudero, dice: "¡Mirar si tiene puesto ya en sal mi amo al gigante! Lo tiene como a los cerdos en la matanza, que una vez matados se salan". En este caso no aparece directamente el jamón, pero si el proceso de salazón. En otro episodio puede leerse: "... a pesar de las malas mañas de la harona (pereza) y, al cabo de pocos días, envía a su casa algún pernil de tocino...". Se refiere, por el contexto, al jamón como un regalo con segundas a un juez, pues la preciada pata de "tocino" se utilizaba a menudo para comprar las voluntades de los poderosos.

También se alude al jamón en otra obra maestra de la literatura española, *La Celestina*, del dramaturgo Fernando de Rojas (*c.* 1470-1541): "En casa llena presto se adereza cena. De lo que hay en la despensa hasta para no caer en falta: pan blanco, vino de Monviedro, un pernil de tocino, y más seis pares de pollos [...]".

Mucho más tarde, en 1958, tuvo lugar una anécdota genial entre dos gigantes de la literatura hispana, Rafael Alberti y Nicolás Guillén. Era un época de vacas flacas para ambos. El primero estaba exiliado en Argentina huyendo de la dictadura española. El segundo acababa de llegar a Buenos Aires, con la ayuda del propio Alberti, huyendo a su vez de la dictadura machadista en Cuba y del golpe fascista en Francia.

Como símbolo de agradecimiento, Guillén llevó un jamón a Alberti, y con él un soneto, al cual el poeta español respondió debidamente. El resultado final fue una fiesta en la que varios amigos comunes compartieron un banquete muy bohemio. He aquí sus sonetos, pequeñas obras maestras que hermanan literatura y jamón:

AL POETA ESPAÑOL RAFAEL ALBERTI, ENTREGÁNDOLE UN JAMÓN

(SONETO DE NICOLÁS GUILLÉN)

Este chancho en jamón, casi ternera
anca descomunal, a verte vino
y a darte su romántico tocino
gloria de frigorífico y salmuera.

Quiera Dios, quiera Dios, quiera Dios, quiera
Dios, Rafael, que no nos falte el vino,
pues para lubricar el intestino,
cuando hay jamón, el vino es de primera.

Mas si el vino faltara y el porcino
manjar comerlo en seco urgente fuera,
adelante, comámoslo sin vino,
que en una situación tan lastimera,
como dijo un filósofo indochino,
aun sin vino, el jamón es de primera.

AL POETA CUBANO NICOLÁS GUILLÉN, AGRADECIÉNDOLE UN JAMÓN

(SONETO DE RAFAEL ALBERTI)

Hay vino, Nicolás, y por si fuera
poco para esta nalga de porcino,
con una champaña que del cielo vino
hay los huevos que el chancho no tuviera.

Y con los huevos, lo que más quisiera
tan buen jamón de tan carnal cochino:
las papas fritas, un manjar divino
que a los huevos les viene de primera.
Hay mucho más, el diente agudo y fino

(continúa)

(continuación)

que hincarlo ansiosamente en él espera
con huevo y papa, con champaña y vino.

Mas si tal cosa al fin no sucediera,
no tendría, cual dijo un vate chino,
la más mínima gracia puñetera.

Es esta una muestra genial que sirve para hacerse una idea de la importancia de este manjar para los españoles, incluso en el exilio. Y es que, como dice el refrán: "Allá se me ponga el sol donde me den vino y jamón".

El jamón en el cine

La representación de la matanza del cerdo abunda en el arte, por ejemplo, en los bajos relieves de la Antigüedad, así como en los muros y capiteles de las catedrales y de los monasterios medievales. Se ha usado comúnmente para representar los meses de invierno en mosaicos de suelos, muros, miniaturas y calendarios. En la pintura, está presente en bodegones de todos los estilos y épocas. Es, por tanto, un recurso muy utilizado a lo largo de la historia del arte, no solo en España, sino también en muchos países europeos.

Ya en pleno siglo XX, el jamón también aparece en la cinematografía española. El título más emblemático es *Jamón, jamón*, del director Bigas Lunas, que en 1992 lanzó al estrellato a dos de nuestros actores más internacionales: Penélope Cruz y Javier Bardem. Aunque la escena más conocida protagonizada por un jamón, en concreto por un hueso de jamón, es una del gran Pedro Almodóvar, aquella de *Qué he hecho yo para merecer esto* en que Carmen Maura acaba de un "jamonazo" con su machista y retrógrado marido. Por otra parte, nuestro actor más internacional, Antonio Banderas, ha sido siempre un gran embajador del jamón, cosa que desde aquí le agradezco, como he hecho otras veces.

Ya más recientemente, el cine y el jamón han mantenido otro tipo de vínculos. Por ejemplo, yo mismo impulsé en 2013 una iniciativa para añadir, a las clásicas palomitas, cucuruchos de taquitos de jamón. Una alternativa de lo más sabrosa para disfrutar del mejor cine, ¿no te parece?

El jamón en la cultura popular

El jamón da mucho juego, ¡y no solo en la mesa! ¿Sabéis que existen cientos de referencias al jamón en la cultura popular? Me refiero a refranes, dichos, expresiones, aforismos, citas... Los hay para todos los gustos, como verás a continuación.

Seguramente la expresión más popular es "¡y un jamón!", que nos sirve para expresar que aquello que oímos nos parece excesivo y no nos lo creemos. Tiene una variante, "un jamón con chorreras", pero esta ya es para nota, pues se usa bastante menos. Otra expresión, por fortuna en desuso, es la exclamación "¡jamona!" para referirse a una mujer atractiva (o sea, que tiene "buenas carnes"). Suele ir precedida, a modo de requiebro burdo, de un "¡tía buena!" y, como digo, aunque es alegre y espontánea, ha quedado ya, afortunadamente, como una expresión machista y extemporánea.

Además de las expresiones como las mencionadas, lo que más abunda en la cultura popular son los refranes. He aquí algunos:

"Con jamón y buen vino, se anda mejor el camino".

"No compres cosas viejas que no sean vino, jamón o teja".

"Jamón y vino añejo estiran el pellejo".

"Agua poca y jamón hasta la boca".

"Al viajero, jamón, vino y pan casero".

"Jamón y porrón hacen buena reunión".

"Entre pueblo y populacho hay la misma diferencia que entre jamón y gazpacho".

"Jamón empezado, pronto mediado; jamón mediado, pronto acabado".

"Mucho jamón para tan poco huevo".

"Quien toma vino y jamón, no padece del corazón".

"Yo me atraco de jamón, y el envidioso sufre la indigestión".

Y con esto y un jamón, nos vamos al siguiente capítulo.

2

El cerdo, ese gran desconocido

EN ESTA PARTE . . .

No todos los cerdos son iguales ni sirven para hacer jamón. No es lo mismo un cerdo ibérico que un cerdo vietnamita. Veremos las características del cerdo ibérico y lo que lo hace tan especial para la producción de jamón.

Pero no solo es importante la raza, también cómo se cría el porcino: un cerdo ibérico alimentado con bellotas y criado en una dehesa es un claro candidato a darnos un sabroso jamón ibérico, a diferencia de otros criados con pienso y en granjas, que aunque también nos pueden dar un jamón sabroso, no tienen la misma calidad ni el mismo sabor.

EN ESTE CAPÍTULO

- Hay muchas razas de cerdo, pero no todas sirven para hacer jamón
- El cerdo ibérico es una raza exclusiva de la península Ibérica
- Aprende a distinguir entre una pata de ibérico y una de cerdo blanco

Capítulo 3

Todo sobre el cerdo

Un animal por descubrir

Como hemos visto, el cerdo forma parte, desde hace más de dos milenios, de nuestra cultura y de nuestra dieta. Sin embargo, sigue siendo un gran desconocido para la mayor parte de la gente. En este capítulo vamos a descubrir más cosas sobre el cerdo que nos servirán para entender mejor cómo se elabora un jamón y las diferencias entre unos y otros.

INFORMACIÓN TÉCNICA

El cerdo es un animal mamífero, cuadrúpedo, de cuerpo pesado y patas cortas que acaban en forma de pezuña. Posee un hocico flexible y una cola corta. Se puede encontrar en estado salvaje, lo que conocemos como jabalí o cerdo silvestre, pero el que consumimos habitualmente está domesticado. Se cría en granjas o en dehesas (ahora veremos la diferencia, que es importante) y de él se obtienen numerosos productos para el consumo humano.

Puede recibir nombres diferentes según su edad y según las diferentes variantes locales del idioma español: "cochinillo" (cuando es una cría);

"cochino" (cerdo cebado para la matanza); "lechón" (cerdo macho o, en algunos países, cerdo que todavía mama); "puerco" (cochino cebado), "chancho" (sinónimo de cerdo en algunas naciones), etcétera.

El cerdo ocupa diferentes roles en las distintas culturas del mundo, a veces ligados a los hábitos alimentarios de esa cultura, otras a su economía y otras a su mitología. En algunas culturas orientales, por ejemplo, los cerdos son animales sagrados y ocupan un lugar destacado. Forman parte del horóscopo chino, basado en el antiguo calendario agrícola. Existen diversas leyendas sobre el origen del zodíaco chino. Una de ellas asegura que los doce animales incluidos en el mismo fueron los únicos que acudieron cuando Buda citó a todas las criaturas del mundo. El cerdo, considerado un animal sumamente sincero y listo, fue uno de ellos.

En otras culturas el cerdo se considera un animal impuro. Por ejemplo, judíos y musulmanes no comen cerdo debido a sus creencias religiosas. Los musulmanes denominan "*halal*" a aquellos animales que pueden consumir porque cumplen con los preceptos de la Sharia, y entre ellos no se encuentra el cerdo. Por su parte, los judíos, que siguen los preceptos de la Cashrut, también tienen una palabra específica para denominar los alimentos que pueden consumir, "*kasher*". Y el cerdo tampoco figura entre ellos.

Menos conocido es que las tribus de Nueva Guinea y las islas melanesias del sur del Pacífico consideran el cerdo un animal sagrado que sacrifican en honor a sus antepasados y que comen en ocasiones importantes (bodas y funerales, por ejemplo). También se sacrifican cerdos para declarar una guerra o para todo lo contrario, o sea, para hacer las paces. E incluso, muy de vez en cuando, se organizan festines en que la tribu se come casi todos los cerdos que posee de una sola sentada. Claro que, después, necesitan años de rigurosa frugalidad para recomponer sus piaras de cerdos.

RECUERDA

En definitiva, el cerdo ha estado y sigue estando presente en la historia del mundo y ocupa un lugar diferente en cada cultura según las condiciones climatológicas y naturales, los usos y costumbres, la religión, la mitología, etcétera.

¿Todos los cerdos sirven para hacer jamón?

En teoría sí, pero en la práctica solo el cerdo blanco y el cerdo ibérico se usan para elaborar jamón. Y algo muy importante: aunque todos los cerdos pueden dar jamón, solo el cerdo ibérico sirve para producir jamón ibérico.

La clasificación de los jamones, que más adelante veremos en detalle para que puedas orientarte bien en este pequeño universo, viene dada, en primer lugar, por la raza del animal y, en segundo lugar, por la alimentación que recibe durante su proceso de crianza. Así, el jamón ibérico procede del cerdo ibérico y el jamón a secas (o jamón serrano, jamón serrano consorcio, jamón curado, etc.) del cerdo blanco. Verás que la pata del jamón ibérico tiene un color más oscuro que la del jamón blanco. También las puedes distinguir por la pezuña, que es negra en el caso del jamón ibérico y más clarita (color carne) en el caso del jamón serrano. Hasta aquí todo claro, ¿verdad?

Jamón de cerdo ibérico   Jamón de cerdo blanco

ADVERTENCIA

Cuando vayas a una tienda, ya sea una tienda especializada en jamón, una charcutería o un supermercado, la distinción más importante que tienes que hacer es entre el jamón ibérico y el que no es ibérico. Ambos son buenos, sin duda, pero su textura, su sabor y su precio no tienen nada que ver. Si lo que compras es ibérico, es importante que te asegures de que está hecho en la península Ibérica, pues el jamón ibérico se elabora siguiendo una tradición y unos conocimientos propios de determinadas zonas de la península Ibérica. Se trata de un manjar único y excepcional, y es importante que valores esto.

El jamón procedente de cerdos de raza blanca suele llamarse "jamón serrano" o "jamón curado". Procede de cerdos criados, generalmente, en régimen intensivo y alimentados con piensos de cereales. Se certifica como ETG (especialidad tradicional garantizada) y suele garantizar un mínimo de 7 meses de curación, pudiendo llegar a los 24 meses. Según su tiempo de curación puede recibir diferentes nombres: "bodega o cava" (unos 9 meses de curación); "reserva o añejo" (unos 12 meses) y "gran reserva" (unos 15 meses).

De los cerdos ibéricos te hablaré en detalle en el siguiente apartado, pero ahora me interesa que entiendas que hay grandes diferencias entre un cerdo blanco y uno ibérico:

- Son razas diferentes y tienen, por tanto, características fisiológicas diferentes (la pezuña, el pelo y, sobre todo, la cantidad de grasa infiltrada en la carne, que es mayor en el cerdo ibérico);
- se alimentan de manera diferente: solo el ibérico de bellota come bellotas, mientras que el resto se alimenta con pienso. Aunque el de cebo de campo puede comer bellota en la montanera si ha sido muy abundante.

RECUERDA

También me gustaría que recordaras un dato: el 90 % de los jamones que se comercializan provienen de cerdos de raza blanca, y solo el 10 % de los que se venden son ibéricos. Así que tienes que estar atento/a para saber qué compras. Si quieres comprar jamón serrano, perfecto, los hay buenísimos. Pero si quieres jamón de cebo ibérico o jamón de bellota ibérico, mira bien la etiqueta o consulta con la persona que te atiende.

En definitiva, todos los cerdos sirven para hacer jamón, pero solo los cerdos ibéricos sirven para hacer jamón ibérico.

El cerdo ibérico

El cerdo ibérico es de cabeza bien proporcionada y hocico puntiagudo, cuello potente, papada caída, orejas medianas en visera, costillares arqueados y amplio vientre, baja inserción de la cola y, fundamentalmente, finas extremidades que dan lugar a lo que también se conoce como "jamones de pata fina".

Existen dos agrupaciones de razas autóctonas de la península Ibérica:

» Agrupación del cerdo celta, también llamado "chato murciano" o "puerco celta". Está prácticamente extinguido.

» Agrupación del cerdo ibérico: el que habitualmente se emplea para elaborar jamón ibérico. Se distinguen dos tipos en base al color de su capa:

  - Ibérico de capa negra, que incluye las variedades Lampiño y Entrepelado.
  - Ibérico de capa colorada, que incluye las variedades Retinta o Colorada, Rubia de Cádiz, Manchada de Jabugo y Torbiscal.

Cada una de estas variedades tiene una serie de características propias. Las resumo a continuación (por cierto, las que no cito es porque prácticamente están extinguidas):

» Lampiña: no tiene pelo y posee una alta capacidad de depósito de grasa subcutánea, intra e intermuscular.

» Retinta-Colorada: es la variedad más extendida porque tiene un buen ritmo de crecimiento y ofrece un gran rendimiento.

» Torbiscal: está muy extendida por sus excelentes cualidades cárnicas, su mayor prolificidad y su conformación más magra, pero tiene una importante desventaja: no infiltra bien la grasa.

La variedad más utilizada, pues, es la Retinta o Colorada, que, además de ser muy prolífica, permite un mayor aprovechamiento después de sacrificar el animal. Porque una cosa es el animal en vivo y otra cuando ya se le han quitado las partes no aprovechables (las vísceras, la piel, etc.). Una vez limpio, se despieza y se separa cada una de sus partes para destinarla a una finalidad concreta. El cerdo ibérico, para que sea apto para producir jamón, tiene que dar (como veremos más adelante al hablar del peso que debe tener) un peso en vivo y un peso mínimo en canal (una vez vaciado y sin piel).

En cuanto al Torbiscal, tiene la ventaja de que puede tener muchas crías y que ofrece mucho magro aprovechable, pero es el que menos infiltración en grasa presenta.

INFORMACIÓN TÉCNICA

La infiltración en grasa intramuscular es fundamental cuando hablamos del jamón ibérico, pues es lo que le da su sabor característico y lo que lo hace meloso e intenso en boca. Después de años y pruebas varias, se ha determinado que la raza Duroc, que también tiene mucha grasa infiltrada, es la que mejor acompaña al cerdo ibérico. Como resultado del cruce, también aumenta el número de crías que tienen, por lo que el ganadero, que busca rendimiento y productividad, sale ganando.

El Duroc Yersey es un cerdo rubio de pelo colorado oscuro y de procedencia americana. A diferencia del cerdo blanco que habitualmente se encuentra en la península Ibérica, presenta un pequeño porcentaje de grasa infiltrada, y todos los ejemplares tienen la pezuña negra. Por este motivo se trata de una raza ideal para cruzarla con el cerdo ibérico puro. La carne que se obtiene es de mayor consistencia que la del ibérico 100 %, que al tener demasiada grasa interior se "deshilacha". El cruce con el Duroc aporta no solo consistencia, sino también matices en el sabor y los aromas, que no son tan intensos como en el ibérico 100 %.

Cerdo ibérico

Cerdo blanco

Cerdo Duroc

Un poco de genética

Bajo la denominación genérica de "cerdo ibérico" se incluyen todos aquellos cerdos cuya madre es 100 % ibérica y está inscrita en el libro genealógico de la raza porcina ibérica. A partir de aquí, el cerdo puede tener diferentes porcentajes de pureza: 50 %, 75 % o 100 %. En los productos etiquetados como ibéricos debe aparecer este porcentaje. Lo podemos ver a continuación representado de forma gráfica y sencilla:

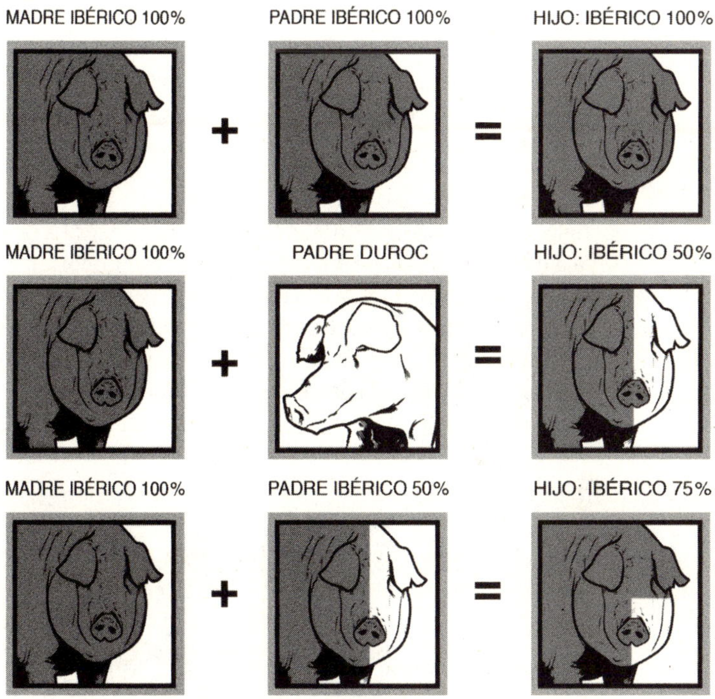

RECUERDA

Por tanto, para que el jamón reciba la denominación de ibérico, con la actual normativa vigente en España, la madre tiene que ser 100 % pura ibérica, independientemente del padre.

En cuanto a la cría, es 100 % ibérica si la madre y el padre también lo son. Si la madre (100 % ibérica) se cruza con un macho Duroc Yersey (0 % ibérico), la cría será 50 % raza ibérica. Cuando esta cría 50 % es un macho y llega a la edad de procrear, cuando se una a una hembra 100 % ibérica tendrán crías con un 75 % de raza ibérica.

La ley obliga a indicar claramente en las piezas de jamón ibérico si son 50 %, 75 % o 100 %. Menos del 50 % ya no es ibérico, porque, como te digo, la hembra siempre tiene que ser 100 % pura.

Actualmente, los veterinarios acuden a las granjas que crían cerdos ibéricos y examinan los progenitores y las crías. Ven cómo están inscritas en el libro genealógico e identifican las crías con una numeración (50 %, 75 % o 100 %) en función de lo que hemos explicado sobre sus progenitores. Esta numeración queda inscrita en el libro genealógico para demostrar su porcentaje de pureza en caso de que se utilice posteriormente para la crianza. Estos libros quedan depositados en el Ministerio de Agricultura español.

Evidentemente los veterinarios que se encargan de esta labor están autorizados para hacerlo. Acuden físicamente a ver el animal, lo certifican y firman conforme es cierto. O sea que para ostentar este porcentaje racial, hay que hacer bien las cosas.

Tal vez te estés preguntando: ¿si quiero un buen jamón ibérico, es mejor que el cerdo sea 50 %, 75 % o 100 % ibérico? La respuesta es que va a gustos. Para el resultado final, no es tan importante el porcentaje de pureza como el proceso de engorde, la alimentación y el cuidado del cerdo durante el proceso. Si comen bellotas y pastan en una dehesa, sí que habrá diferencia, como veremos más adelante. Lo importante, de entrada, para que el jamón sea ibérico es que la raza sea ibérica, en mayor o menor porcentaje. A partir de ahí, según cómo se críe, el resultado será uno u otro.

EN ESTE CAPÍTULO

La crianza se hace en granjas hasta los 100 kg

Luego algunos van "a montanera", donde comen pasto y bellotas (¡hasta 10 o 12 kg al día!)

Hay una cantidad limitada de dehesas, por tanto, también está limitada la producción de jamón de bellota

Capítulo 4

Dónde se crían los cerdos jamoneros

El ciclo de vida del cerdo

Los cerdos pueden criarse en todas partes, evidentemente, pero si queremos que nos den buenos jamones tienen que criarse en un entorno concreto y de una manera determinada. Si además queremos obtener jamón de bellota, tienen que pasar buena parte de su vida en una dehesa, una zona de campo amplia poblada fundamentalmente por encinas donde pastan y caminan para desarrollarse de una forma sana y natural... Pero esto lo veremos más adelante. Déjame que te explique primero cómo es el ciclo de vida del cerdo.

INFORMACIÓN TÉCNICA

Antiguamente los machos cubrían a las hembras en los meses de agosto, septiembre y octubre. Como el período de gestación es de tres meses, tres semanas y tres días, en noviembre y diciembre tenían lugar la mayoría de los partos. Eran lo que se llamaba "lechones navideños o yerbizos". Hoy día los machos cubren en todas las épocas del año. Como mamíferos que son, los cerdos primero se crían con la leche materna, más o menos hasta febrero o marzo, o, más concretamente, hasta que alcanzan unos 23 kg de peso (dos arrobas, en argot técnico).

Tras el destete, la alimentación tiene lugar en la granja a base de cebo. El objetivo es que engorden hasta los 100 kg, aproximadamente. Los que luego irán "a montanera" (o sea, a criarse en una dehesa) reciben un pienso con menos nutrientes, pues luego los cogen en la montaña, mientras que los que se quedarán en la granja reciben un pienso más vitaminado y enriquecido. En cualquier caso, este pienso garantiza que el cerdo desarrolle una estructura ósea lo suficientemente fuerte para que sus cortas patas soporten el peso al que acabará llegando (150 kg). Esta fase es vital para el posterior desarrollo del esqueleto y de los músculos. Piensa que los que luego van a montanera tendrán que realizar largos desplazamientos e ingerir gran cantidad de alimento: de 10 a 12 kg de bellota al día (sin contar la cáscara, que no se comen). ¡A los cerdos ibéricos les encantan las bellotas!

Tras este engorde en granja se realiza otra gran división. Algunos se quedan en la granja y se acaban de engordar con cebo y otros son llevados a una dehesa para que pasten y coman bellotas, lo que les dará su característico y delicioso sabor. Los que están destinados a jamón de bellota a veces se llevan a las dehesas antes y se sueltan para que vayan engordando con rastrojos, hierbas aromáticas, etc. Si con eso no tienen suficiente, se les da un poco de pienso para que formen un esqueleto fuerte y lleguen al mes de octubre con esos 100 kg aproximadamente, de manera que el engorde final sea a base de bellotas. Estos pueden llegar incluso a 170 o 180 kilos.

Cuestión de bellotas

El período de montanera (la época del año en que se lleva a los cerdos al monte a pastar) suele empezar a mediados de octubre y dura, en el mejor de los casos, hasta finales de marzo. Esta es la época en que hay bellotas. De nada sirve llevarlos en otro momento del año. De hecho, un jamón solo recibirá la denominación "ibérico de bellota" si el cerdo ha comido bellotas entre el 15 de octubre y el 31 de marzo. Ah, y no se puede llevar al cerdo a comer a cualquier sitio: existe también una regulación al respecto. Hay un sistema de información geográfica, revisado y auditado por personal autorizado, que delimita las parcelas a las que se pueden llevar los cerdos a comer bellotas. En función de su extensión y número de encinas, pueden albergar un número determinado de cerdos, lo que se hace para garantizar que tengan suficiente sustento.

Dado que el número de parcelas y de encinas es limitado, solo se puede engordar en ellas a una cantidad igualmente limitada de animales. Se calcula que en España se pueden engordar como mucho 700.000 cerdos al año de esta manera, por lo que solo podrán llegar al mercado, al menos oficialmente, 1.400.000 jamones ibéricos de bellota. Y no solo para el mercado español, sino para el mercado mundial. Eso explica el precio elevado de este tipo de jamón, al menos en parte. La otra parte, como veremos más adelante, viene justificada por las atenciones que recibe el jamón durante su largo proceso de curación. Como te vengo diciendo en todo el libro, no es un producto cualquiera: es una de esas exquisiteces con que nos regala la mezcla de naturaleza y saber hacer acumulado durante siglos.

Pero volvamos al cerdo. Lo importante es que durante este período que no llega a cuatro meses, del 15 de octubre al 31 de marzo, el animal tiene que engordar aproximadamente el 50 % de su peso. Es decir, tiene que llegar a unos 170-180 kg antes de ser sacrificado. El cerdo que no llega a ese peso al final de su estancia en la dehesa, tiene que volver a comer cebo, que se le da en la misma finca hasta que llega a su peso de matanza. Debido a esto, sus jamones y paletas ya no se consideran "de bellota", sino "jamón ibérico de cebo de campo". A este último se le llamaba hace poco "de recebo". Ahora ha cambiado la normativa y hay tres tipos de jamón ibérico: de bellota, de cebo de campo y de cebo. Para que se considere de cebo de campo tiene que pasar como mínimo los últimos 60 días en el campo.

ADVERTENCIA

En relación al ibérico, la legislación establece, simplificando, que el jamón tiene que pesar al menos 7 kg, para lo cual el cerdo debe tener un peso mínimo de 150 kg de peso total en el momento de ser sacrificado. Y si es de bellota, tiene que haber engordado sus últimos 50 kg en el monte a base de bellotas, complementado con lo que ofrece el campo: hierba, pasto, raíces, gusanos, etcétera.

La dehesa, un espacio único

INFORMACIÓN TÉCNICA

El término dehesa proviene de *defesa*, que en latín significa "defensa o terreno acotado para uso de los pastos". Y de hecho su desarrollo está ligado en parte al avance de la Reconquista y muy especialmente desde el siglo XIII, momento en que los ganaderos de la zona vallaron sus fincas con el fin de cerrar el paso a los rebaños en trashumancia.

No sé si has estado alguna vez en una dehesa... Son espacios singulares y de una gran biodiversidad. Lo que los diferencia es que en gran parte están formados por una masa arbolada productora de bellota. Idealmente incluirían solo especies del género *quercus:* encinas, alcornoques o quejigos ligados a la producción de bellota. Pero en un sentido más amplio también puede incluir otras especies como castaños, acebuches, madroños, lentiscos o jaras. Según los datos del Ministerio de Agricultura, en España la superficie calificada como dehesa se sitúa entre los 3,5 y los 5 millones de hectáreas, en función de las definiciones más o menos restrictivas de este tipo de territorio.

La distribución de las dehesas en España por regiones es aproximadamente esta:

» Extremadura: 1.237.000 hectáreas.

» Andalucía: 946.482 hectáreas.

» Castilla La Mancha: 751.554 hectáreas.

» Castilla y León: 467.759 hectáreas.

» Madrid: 113.051 hectáreas.

No obstante, cada zona de España maneja sus propias cifras y definiciones sobre lo que es y lo que no es una dehesa. En cualquier caso, lo cierto es que son zonas bellísimas y riquísimas donde el cerdo ibérico de bellota es el gran protagonista.

Citando otra vez al Ministerio de Agricultura, según sus datos existen alrededor de 25.000 explotaciones de dehesa en España, de las que unas 8.000 tienen más de 100 hectáreas. El 75 % son de propiedad privada. El resto corresponde a bienes comunales, grupos de vecinos o ayuntamientos.

RECUERDA

Además de su contribución al medio ambiente y a la biodiversidad, las dehesas tienen un importante peso en la economía de las regiones donde se encuentran. Son explotaciones ganaderas donde pastan no solo cerdos, sino también ovejas (especialmente de las razas merina, manchega castellana y talaverana), cabras (casi el 45 % del censo nacional de esta especie), vacas nodrizas para la obtención de carne (entre las que destacan las de raza retinta y limousine), toros de lidia, caballos de pura raza española y de otras razas y especies como el asno andaluz, la vaca blanca cacereña y la gallina azul extremeña.

La vida en la dehesa

Una dehesa debe tener por lo menos 100 m^2 por cerdo, de manera que no les falte la comida ni el espacio para moverse a sus anchas. Si es un año muy bueno en bellotas (esto va cambiando según la climatología), se alimentan de maravilla, y si no, alternan las bellotas con lo que encuentran: raíces, hierba, etc. Se les podría llevar en otras épocas del año, como el verano, pero se hace en épocas de frío para que el cerdo se mueva más.

Cuando los cerdos ibéricos llegan a la dehesa con 100 kg, el mayoral (el encargado de guiar los rebaños) se los lleva a la parte más alta de la parcela. En ese momento están delgados y tienen mucha hambre, porque se han alimentado básicamente de pienso poco enriquecido, por lo que cuando los dejan sueltos se alimentan de las bellotas que caen de forma natural, de hierba y de todo lo que van encontrando. Cuando han comido, se los llevan lejos para que puedan beber. Normalmente las charcas son artificiales y las colocan en lugares estratégicos para que los animales tengan que caminar y hacer ejercicio, es decir, para que desarrollen la musculatura. Cuando se mueven, musculan, y cuando musculan, infiltran grasa.

Van bajando de la montaña poco a poco y siguiendo un movimiento en forma de Z. Las zonas por donde pasan quedan arrasadas casi totalmente. ¡Acaban con todo! A medida que van bajando sus huellas son más profundas por el aumento de peso. Cuando llegan a la zona más llana normalmente su peso ya está por encima de los 140 kg. O sea, están casi criados. Y cuando pesan alrededor de los 170-180 kg, se sacrifican.

LA MATANZA

La matanza del cerdo tradicionalmente se lleva a cabo en febrero. O sea, en época invernal. El motivo viene de antaño y es simple y de sentido común: en un entorno frío, la carne y las diferentes partes del animal podían manipularse sin miedo a que se deterioraran. En épocas sin neveras ni sistemas de refrigeración, esto era muy importante. Así, mientras la persona que realizaba la matanza preparaba la carne para los embutidos y se elaboraban las partes más perecederas, las piernas y las paletas, que eran más consistentes y resistentes, esperaban pacientemente su turno. Las extremidades se apartaban momentáneamente para concentrarse en el resto del animal. Las enterraban en sal y ahí esperaban su turno.

3

Generalidades sobre el jamón

EN ESTA PARTE . . .

Una vez leído este capítulo, sabrás realmente qué es jamón y qué no, pues hay alimentos que se le parecen pero que son otra cosa. También sabrás distinguir entre un jamón ibérico y el resto de jamones, pues el ibérico juega en otra liga y está a la altura de las mejores *delicatessen* del mundo.

Otras "generalidades" importantes que veremos en esta parte son: las diferencias entre una paletilla y un jamón, las partes del jamón, la importancia de la denominación de origen (DO) y de la procedencia en general y la normativa sobre el etiquetaje.

EN ESTE CAPÍTULO

No todo lo que parece jamón es jamón

La paleta es la extremidad delantera y el jamón la trasera

Es importante distinguir las diferentes partes del jamón: no todas tienen el mismo sabor

Capítulo 5
Definiciones para tenerlo claro

De dónde viene la palabra "jamón"

Hay diferentes teorías sobre esta sabrosa palabra. Dado que el español proviene mayoritariamente del latín, el sentido común llevaría inicialmente a situar su origen en la lengua del Imperio romano. Sin embargo, algunos se remontan a los griegos y defienden que "jamón" viene etimológicamente del vocablo *kampé*, que significa "curvatura o articulación curvada de un miembro". Con este significado pasó después al latín clásico, que por evolución lo convirtió en *camba*, término que servía para referirse a la pierna tanto de una persona como de un animal (o sea, a la pata). Con el tiempo, ese vocablo se convirtió en el francés *jambe*, cuyo significado también es pierna. Y de ahí a *jambon*, en francés, y a "jamón" en español.

RECUERDA

En la península Ibérica, sin embargo, "jamón" no se utilizó hasta el siglo XVI. Antes se hablaba de "pernil", vocablo que sí que provenía directamente del latín, en concreto de *perna*. De hecho, "pernil" sigue estando en el diccionario como "anca y muslo del animal", e incluso en algunas zonas de España, en concreto en Cataluña, el jamón se conoce como *pernil*.

La influencia francesa hizo que se fuera introduciendo (y finalmente imponiendo) *jambon*, que derivó hasta el actual "jamón" y se afincó definitivamente en la lengua española.

Curiosamente, si analizamos otras lenguas románicas, como el italiano y el portugués, veremos que las palabras que se usan para referirse al protagonista de este libro nada tienen que ver con el vocablo que usamos españoles y franceses. Los italianos lo llaman *prosciutto* y los portugueses *presunto*. Ambos tienen un origen común, la palabra *prosciugare*, que significa "secar bien".

Qué es un jamón y qué no

INFORMACIÓN TÉCNICA

El jamón, en su definición anatómica, es la extremidad posterior del cerdo, separada por sección de la sínfisis isquiopubiana, de la articulación sacroilíaca y de los músculos iliopsoas y psoas menor junto con el ligamento inguinal, plexo nervioso lumbosacro, nervio femoral y obturador, de los vasos iliacos externos e internos y de las cabezas del bíceps femoral, glúteo medio y en ocasiones del semitendinoso en la zona de la cadera.

La definición es de un colega fabricante de jamones que cursó veterinaria. Me gusta transcribirla para situar al lector, sin embargo, como definición es poco práctica, sobre todo si no estás muy puesto en anatomía. Por eso, prefiero una definición menos precisa pero mucho más clara: pierna de cerdo curada con sal y con tiempo. Así de sencillo. Si no es de cerdo, no es jamón. Si no está curada en sal, tampoco. Y si no ha pasado al menos 15 meses (20 meses en los jamones ibéricos) colgada en un secadero, aún menos.

En el mundo se producen diferentes tipos de jamón que reciben también nombres diversos. Los veremos más adelante, pues mi objetivo con este libro es que sepas todo lo que hay que saber sobre el jamón para que lo aprecies y lo disfrutes. Hasta aquí, para que quede totalmente claro, solo te he hablado de jamón que se produce en España, entre el que destaca, por sus características únicas, el procedente del cerdo ibérico. El jamón ibérico necesita cinco años de dedicación: primero atender, alimentar y cuidar al cerdo para que crezca sano y fuerte, y después conservar la pata en unas condiciones muy concretas para que el jamón se vaya cocinando lentamente.

Es un producto, no me cansaré de decirlo, único en el mundo y de extraordinaria calidad. ¿O acaso conoces muchos productos que tarden cinco años en fabricarse?

Qué es una paletilla y en qué se diferencia de un jamón

Los jamones de un cerdo son las extremidades posteriores, o sea, los cuartos traseros. Con las anteriores (o sea, lo que en un humano serían los brazos) se elaboran las paletillas. Pueden parecer lo mismo servidos en lonchas sobre un plato, pero se trata de dos productos muy distintos.

Para empezar, la morfología de la paletilla es diferente. El jamón presenta una caña más larga y esbelta y su pata oscila entre los 70 y 90 cm, mientras que la paleta está entre los 60-70 cm. El jamón es más grande, con un peso que oscila entre los 6,5 y los 10 kg, mientras que la paleta no suele pesar más de 8 kg (la mayoría oscilan entre 4,5 y 6,5 kg).

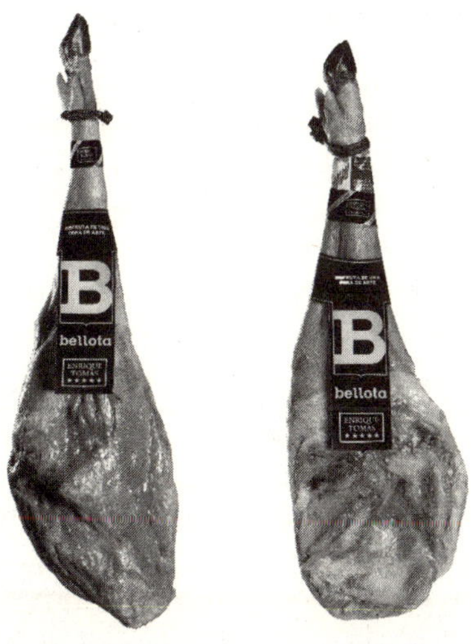

Jamón Paleta

RECUERDA

Hay más diferencias. El jamón es más ancho que la paletilla y tiene unas formas más generosas. En el jamón, el hueso representa el 30 % de su peso, mientras que en la paletilla, que tiene menos carne, la proporción ósea es del 40 %, aproximadamente. Es decir, si compras una paleta de 5 kg, aproximadamente 2 kg corresponderán al hueso. El porcentaje de grasa también es diferente: la paletilla tiene más grasa (o tocino) que el jamón.

El tiempo de curación también es diferente en uno y otra. El jamón, más voluminoso, precisa entre 20 y 48 meses, mientras que la paletilla se puede curar en 12 meses, aunque puede llegar a los 24 meses.

Todas estas características hacen que el precio del jamón y la paletilla también sea diferente. El jamón es más caro porque contiene mucha más carne que la paletilla, el corte es más sencillo y podemos obtener lonchas más anchas. También porque su proceso de curación dura más y precisa, por tanto, de más dedicación.

Del sabor de ambas piezas te hablaré en el siguiente apartado, pues también es diferente. Te adelanto, no obstante, que la mejor forma de apreciar esto es tener un jamón y una paletilla e ir cortando de ambos, e incluso ir viendo los diferentes sabores y aromas según qué parte del jamón se corte.

¿Qué es mejor, jamón o paletilla?

El jamón, aunque tiene detrás mucha ciencia, no es una ciencia exacta. Dos más dos no siempre suman cuatro. Es un mundo en el que caben la subjetividad y los gustos de cada uno. Es más, en el que las emociones tienen un papel determinante. Es un poco como el fútbol. ¿Quién es mejor, Messi o Ronaldo? Dependerá de los gustos y de las filias de cada cual, ¿verdad? Lo que está claro es que ambos son buenísimos. Quiero decir el jamón y la paletilla. Y Messi y Ronaldo también...

Por tanto, si alguien te dice que el jamón es mejor, su respuesta es correcta; y si alguien te dice que la paletilla es mejor, también. Como curiosidad geográfica, te diré que el jamón es más valorado en Madrid, mientras que la paletilla lo es en Cataluña y el País Vasco, donde se vende gran parte de la que se produce. En ocasiones las preferencias se dan por una cuestión de sabor, en otras por el precio y en otras por tradición o costumbre. Lo cierto es que no hay un dogma: la predilección por uno u otra varía según las zonas y, dentro de las zonas, según las personas.

El jamón es más grande y su rendimiento también es superior. El aprovechamiento del peso total de un jamón es, en el mejor de los casos, del 50 % (es decir, de un jamón de 7 kg, un profesional puede sacar 3,5 kg de jamón, aproximadamente), mientras que el de la paletilla es como mucho del 45 %. Esto se debe, en parte, a que la paletilla tiene proporcionalmente más hueso, como hemos visto, pero también porque es más difícil de cortar por su forma, sobre todo si no tienes experiencia.

Precisamente porque son dos piezas morfológicamente muy diferentes, el gusto que ofrecen también lo es. En general, la paletilla es más sabrosa y de gusto más intenso. Esto se debe a que tiene menos carne y se ha "cocinado" más cerca del hueso, absorbiendo aromas y sabores de una forma más penetrante. El jamón, por su parte, permite experimentar un mayor abanico de gustos y texturas, ya que tiene zonas claramente diferenciadas. En el caso del jamón ibérico sucede igual: el jamón ofrece mayor suavidad y complejidad de aromas y sabores, mientras que la paleta tiene un sabor más intenso y con menos matices debido a su menor tiempo de curación.

Elijas lo que elijas, lo importante es que te asegures de que estás comprando un jamón de calidad (más adelante veremos en qué debes fijarte). Déjate asesorar por vendedores expertos, pero sobre todo experimenta por ti mismo/a. Ve probando el jamón y la paletilla hasta apreciar las diferencias. Luego elige tu preferido o, mejor aún, quédate con los dos.

¿Pata derecha o izquierda?

Puestos a preguntar, ¿es mejor el jamón de la pata izquierda o de la derecha? La respuesta es rápida y sencilla: da absolutamente igual. O, mejor dicho, puede que una derecha esté mejor que una izquierda o viceversa, pero no hay una norma general. Porque cada cerdo, como cada persona, es diferente al resto. Genéticamente no son iguales ni tienen todos los mismos hábitos. ¿Te has fijado alguna vez en que hay personas a las que les gusta dormir inclinadas hacia un lado y otras hacia el otro?

Cada animal, como cada persona, tiene sus costumbres: se apoya más en una pata o en otra cuando camina, duerme sobre un lado más que sobre el otro, etc. Y eso depende de cosas tan superficiales como que el terreno esté inclinado hacia un lado, que el estanque donde beben les pille cuesta arriba o cuesta abajo, etcétera.

En definitiva, olvida el tema: la calidad no tiene absolutamente nada que ver con que el jamón sea de la pata izquierda o de la pata derecha. Y si, a pesar de lo que te digo, eres una persona supersticiosa, compra la que más te guste o alterna una y otra. Da igual.

Partes del jamón

CONSEJO

Si no quieres profundizar mucho, puedes saltarte este punto, pero te aconsejo que le eches un vistazo, pues cuanto más sepas del jamón más lo disfrutarás. En el jamón se distinguen diferentes partes. Todas son buenas y ninguna es mejor que la otra. Todas son gustosas y aprovechables. Pero cada una sabe un poco diferente a las otras. Conocer las diferentes partes te servirá para, a medida que vayas cortando y comiéndotelo, poder apreciar los distintos sabores y aromas. Solemos distinguir seis partes:

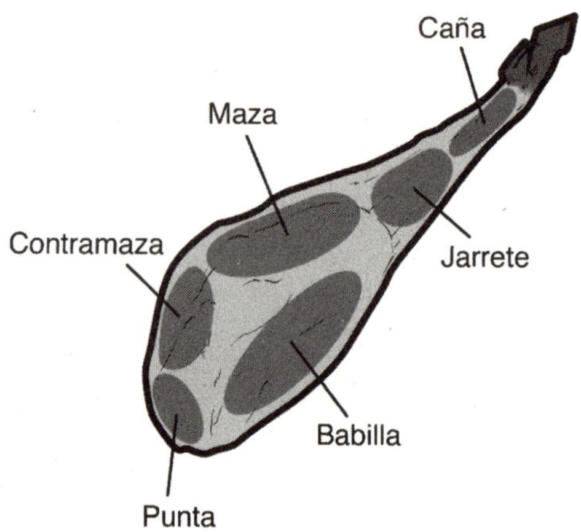

- La **maza** es donde se encuentra la mayor cantidad de carne. Suele ser el lugar por donde empezamos normalmente a consumir el jamón (aunque es mejor que se empiece por la babilla, como te explicaré a continuación). En la maza es también donde encontramos la mayor parte de la grasa infiltrada y donde las lonchas pueden ser más homogéneas y grandes. Lonchas preciosas de color rojo ligeramente veteadas: un placer para la vista primero y para el paladar después.
- La **contramaza** es una parte más estrecha y curada, situada en la parte opuesta de la maza. De poco contenido graso, suele ser

la parte del jamón por donde continuamos cortando cuando hemos acabado con la maza. Las lonchas de la contramaza son un poco más pequeñas y menos sabrosas, aunque la diferencia es tan pequeña que solo los profesionales y los entendidos la pueden apreciar.

- La **babilla**, ubicada justo debajo de la maza, es la zona menos jugosa del jamón. Como en casa el jamón se consume más lentamente que en las tiendas, cuando compres o te regalen un jamón, empiézalo por la babilla. De esta forma evitarás perder el sabor y los aromas de esta parte, ya que si la dejas para el final estará mucho más seca y habrá perdido sus cualidades. Si empiezas por la babilla, cuando gires el jamón la maza y la contramaza seguirán estupendamente bien, ya que son partes más magras y tardan más en secarse. El corte de la babilla es algo más difícil. A menos que seas un cortador experimentado, las lonchas que extraigas seguramente no serán tan bonitas como las de la maza y la contramaza, pero tendrán un sabor y un aroma intensos.
- El **jarrete** y la **caña**, por su parte, contienen carne fibrosa, normalmente la más aceitosa del jamón. Son las partes que tienen menos carne y que se aprovechan menos, aunque no por eso hay que descartarlas. Te aconsejo que saques de ahí tacos para picotear, como entrante o para añadir en alguna receta de cocido. En mi empresa sentimos debilidad por los cucuruchos de tacos de jamón. Porque, aunque haya quien los menosprecie, no dejan de ser jamón, y si el jamón es bueno, los tacos también.
- La **punta**, que se encuentra en el extremo opuesto a la pezuña, es sabrosa. La carne está tocando al hueso, lo que le confiere una serie de aromas y matices destacables. Es a menudo más salada que la del resto del jamón, por lo que hay que hacer lonchas pequeñas.

¿Nos queda alguna parte? Sí. Aunque no aparecen destacados en el dibujo, también tenemos la pezuña y el hueso, que es lo que queda una vez hemos acabado con el resto. Tienen sabor intenso y gran valor nutritivo, por lo que se pueden aprovechar para elaborar caldos, guisos y fondos de platos.

Como ves, se cumple lo que te decía a principio del libro: del cerdo todo se aprovecha.

EN ESTE CAPÍTULO

Hay cuatro denominaciones de origen de ibérico y dos de jamón serrano

La procedencia del jamón marca un estilo de elaboración que le da un sabor característico

¡Mira bien las etiquetas! Que no te cuelen gato por liebre

Capítulo 6

Procedencia y normativa

La importancia de la denominación de origen (DO)

Hasta ahora hemos visto que para obtener un buen jamón necesitamos dos cosas: **un buen cerdo**, a ser posible de raza ibérica 100 % (aunque no es imprescindible), y **una buen crianza**, a ser posible en una dehesa y con abundancia de bellotas (aunque tampoco es imprescindible). Ahora bien, con esto no es suficiente: hace falta también un buen "cocinero". O sea, alguien que sepa cómo hay que curar el jamón para que llegue a tu paladar y al mío con la mejor calidad. Y, como en el mundo de la cocina, en el del jamón hay diferentes estilos y diferentes formas de cocinar. Cada una es propia de una zona de España, es decir, de una "denominación de origen" (DO).

¿Qué es exactamente una DO? Es una calificación que protege legalmente los alimentos producidos en un área geográfica determinada que cumplen con unas normativas y requisitos definidos bajo esta denominación con el fin de mantener la calidad en unos estándares elevados. Se establece fundamentalmente como una medida de protección, ya que cuando un producto adquiere una gran reputación puede encontrarse con usurpaciones e imitaciones de menor calidad. Las DO protegen el jamón de la misma forma que otros productos agroalimentarios, pero también al consumidor, que tiene la seguridad de que lo que compra es auténtico, pues solo reciben la DO correspondiente los jamones producidos de una determinada manera en unas zonas concretas de la península Ibérica.

Las DO se regulan por ley y existen un organismo público específico que se encarga de velar por el cumplimiento de estas normativas. Además, también están protegidas por reglamentaciones europeas. Las zonas de producción con mayor renombre apostaron hace tiempo por crear estas DO que les permitieran establecer unas características concretas y que diferenciaran sus jamones del resto.

Las DO del jamón ibérico

INFORMACIÓN TÉCNICA

Existen cuatro denominaciones de origen de jamón ibérico y dos de jamón blanco. El siguiente esquema puede ayudarte a verlo de un solo vistazo:

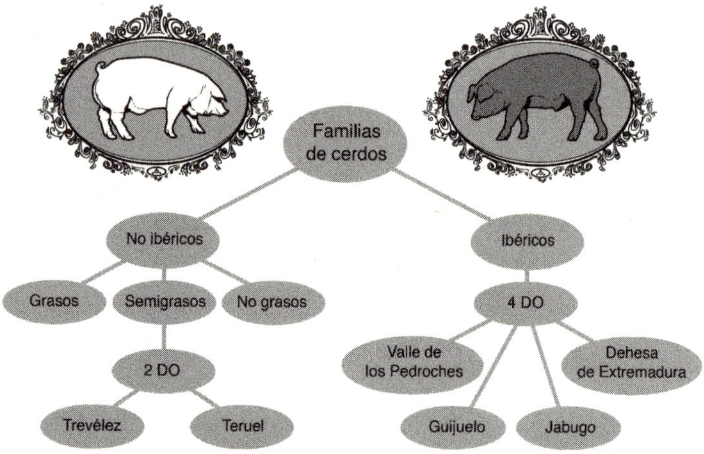

Las del jamón ibérico son: Jamón de Jabugo, Jamón de Guijuelo, Dehesa de Extremadura y Los Pedroches. Cada una de ellas tiene sabores distintos, característicos y reconocibles. Veamos una pincelada (o una tapita) de cada una de ellas, enumeradas por orden de antigüedad:

ZONAS DE PRODUCCIÓN DE LAS DENOMINACIONES DE ORIGEN

DO Jamón de Jabugo

Es la más antigua de las denominaciones de origen, pues su creación se remonta a 1976. Sus jamones proceden de cerdos ibéricos criados en dehesas. La climatología de las sierras de la zona es idónea para la cría y elaboración del jamón ibérico.

Integra municipios muy conocidos en el sector como Jabugo. Es posible que hayas oído hablar alguna vez del famoso "jamón de Jabugo", reconocido internacionalmente y vinculado como marca con este lugar geográfico, donde se dan unas condiciones climáticas excepcionales para elaborar uno de los jamones más exclusivos a nivel mundial.

La DO abarca 31 zonas de producción: Alajar, Almonaster la Real, Aracena, Aroche, Arroyomolinos de León, Cala, Campofrío, Cañaveral de León, Castaño del Robledo, Corteconcepción, Cortegana, Cortelazor, Cumbres de Enmedio, Cumbres de San Bartolomé, Cumbres Mayores, Encinasola, Fuenteheridos, Galaroza, La Granada de Río Tinto, Higuera de la Sierra, Hinojales, el mencionado Jabugo, Linares de la Sierra, Los Marines, La Nava, Puerto Moral, Rosal de la Frontera, Santa Ana la Real, Santa Olalla del Cala, Valdelarco y Zufre.

DO Jamón de Guijuelo

Esta DO ha calado en el sector, donde existe desde 1984. Su nombre es sinónimo de tradición y calidad, avalados por un microclima que propicia la excelencia de los jamones. Además de la propia localidad de Guijuelo, aglutina municipios como Ledrada, Miranda del Castañar, Vejar, Sotoserrano, Frades de la Sierra y Tamames.

DO Dehesa de Extremadura

Nace en 1990. Como característica especial destaca que esta DO solo produce jamones de cerdos criados en Extremadura, es decir, no acepta animales de otras procedencias. Agrupa un centenar largo de industrias, que sacan el máximo provecho a uno de los parajes mejor conservados de la Península, las dehesas situadas entre Cáceres y Badajoz. En concreto, la elaboración de los jamones se lleva a cabo en industrias tradicionales situadas en las comarcas de Sierra de San Pedro, Sierra de Montanchez, Cáceres-Gredos Sur, Ibor-Villuercas y Sierras del suroeste de Badajoz.

DO Los Pedroches

Es, de las cuatro, la de más reciente creación (su reglamento se aprobó en 2006). Los Pedroches es un valle localizado al norte de Córdoba y su DO engloba un total de 32 municipios de esa zona, entre ellos Alcaracejos, Añora, Benalcázar, Bélmez, Los Blázquez, Cardeña, Conquista, Dos Torres, Espiel, Fuente la Lancha, Fuente Obejuna, La Granjuela, El Guijo, Hinojosa del Duque, Pedroche, Peñarroya-Pueblonuevo, Pozoblanco, Santa Eufemia, Torrecampo, Valsequillo, Villanueva de Córdoba, Villanueva del Duque, Villanueva del Rey, Villaralto y El Viso. También se crían en las superficies con una altitud superior a los 300 metros emplazadas en los pueblos de Adamuz, Hornachuelos, Montoro, Obejo, Posadas, Villaharta y Villaviciosa. El nombre de la DO rinde homenaje a la localidad más antigua de la comarca, Pedroche.

Las DO del jamón serrano

Como te comentaba, también hay dos denominaciones de origen del jamón serrano, es decir, elaborado a partir de cerdos blancos. O, más concretamente, una denominación de origen, Teruel, y una IGP (indicación geográfica protegida), Trévelez. Picoteemos también un poco en cada una de ellas:

DO Jamón de Teruel

Fue el primer jamón blanco de la Península con denominación de origen. Se trata de cerdos criados exclusivamente en la provincia de Teruel (como la DO Extremadura en el caso del jamón ibérico: solo crían cerdos de su zona de origen). Su proceso de curación es de un mínimo de 14 meses y su peso no puede ser inferior a 7 kilos. Se identifica con un símbolo propio, una estrella de ocho puntas.

IGP Jamón de Trévelez

Su zona de producción está en la provincia de Granada, más concretamente en algunas poblaciones de Sierra Nevada. Entre los más conocidos destacan Juviles, Busquistar, Bérchules, Pórtugos, La Taha, Capileira, Bubión y el más conocido, Trevélez, que da nombre a la IGP.

Los jamones de Trévelez proceden de cerdos de diferentes razas, entre ellas Landrace, Large-White y Duroc-Jersey. Son jamones con una marcada forma redondeada que se someten a una curación de entre 14 y 30 meses.

CONSEJO

EL AMPARO DE LA UNIÓN EUROPEA

Todas las DO, tanto del jamón ibérico como del jamón serrano, están igualmente amparadas por la Unión Europea. Esto garantiza aún más su calidad y su personalidad, pues para poder lucir la DO en sus etiquetas tienen que responder a unos parámetros concretos de elaboración, ligeramente diferentes para cada zona.

Más adelante, en el capítulo dedicado a la cata del jamón, te explicaré las peculiaridades de cada DO en cuanto a sabor y aroma, pero ya te adelanto que hay diferencias considerables entre unas y otras. Y es que el mundo del jamón es rico y variado, y cuanto más lo conoces, más lo puedes valorar y disfrutar. Por eso, te aconsejo que pruebes jamones de diferentes procedencias para empezar a apreciar sus diferencias. Y, sobre todo, para deleitarte con esta variedad.

La normativa española

A lo largo del libro te he ido hablando de los diferentes tipos de cerdo y de jamón: ibérico, serrano, de cebo, de bellota, bodega, gran reserva, de Guijuelo, de Jabugo, etc. En todo momento he procurado hacerlo adaptándome a la normativa española vigente, que es relativamente reciente. En concreto, se aprobó el 10 de enero de 2014. Si tienes curiosidad, puedes consultarla en el siguiente enlace de internet:

`https://www.boe.es/diario_boe/txt.php?id=BOE-A-2014-318`

Esta norma surgió ante la necesidad de evitar fraudes y engaños y para proteger la pureza de la raza ibérica. Había casos fraudulentos en el etiquetado del jamón y cierta confusión entre los comerciantes y entre los consumidores, por lo que el Gobierno de España decidió regular de forma más estricta la clasificación y etiquetado del jamón, en especial del ibérico. El objetivo fue impulsar la conservación de la raza ibérica y el sistema de producción desarrollado entorno a las dehesas. Aumentando el control sobre las razas autorizadas (mediante los certificados del libro genealógico, del que ya te he hablado) se puede acreditar y garantizar la pureza.

La nueva regulación del ibérico trata igualmente de garantizar que los cerdos se críen en condiciones adecuadas, es decir, que las dehesas acojan un número de cerdos óptimo según su superficie y su número de árboles.

INFORMACIÓN TÉCNICA

Aunque a lo largo del libro ya te he comentado algunos términos de la norma, me parece clarificador resumírtela en una serie de puntos:

- Para que el cerdo se considere ibérico la madre debe ser siempre de raza 100 % ibérica.
- Si el padre también es 100 % ibérico, la cría será ibérica 100 %.
- Si el padre, en cambio, tiene mezcla ibérica y Duroc, dará lugar a un cerdo 75 % ibérico.
- Si el padre es 100 % Duroc, dará lugar a un cerdo 50 % ibérico.
- No pueden utilizarse los términos "dehesa" y "montanera" a no ser que estemos hablando de un jamón ibérico de bellota, independientemente de la pureza de la raza del cerdo.
- Lo que siempre se ha denominado "recebo" pasa a llamarse "cebo de campo".
- Surge una nueva forma de crianza para el cerdo ibérico que hasta ahora únicamente se permitía en la crianza del cerdo blanco: el cebo, que sirve para referirse a los cerdos ibéricos criados y alimentados en granjas.
- Con la nueva norma, ya no es necesario que el jamón esté amparado bajo una DO para que sea 100 % ibérico.
- De la misma manera, no se podrán utilizar imágenes ni símbolos que evoquen a la bellota o a la dehesa si no se trata de jamones ibéricos de bellota.
- El término "pata negra" tan solo podrá utilizarse para referirse a los jamones 100 % ibéricos de bellota.

- La edad mínima que debe tener un cerdo ibérico alimentado con bellota antes de sacrificarlo es de 14 meses.
- La edad mínima que debe tener un cerdo ibérico criado en dehesa y alimentado con piensos y cereales naturales es de 12 meses.
- La edad mínima que debe tener un cerdo ibérico criado en cebaderos o granjas y alimentado con piensos y cereales naturales es de 10 meses.
- La nueva norma prohíbe comercializar los jamones de menos de 7 kg de peso con la terminología "ibérico 100 %", ya que solo los considera ibéricos si pesan más de 7 kg. La excepción son los 100 % puros de raza ibérica, que suelen tener un tamaño un poco menor (mínimo 5,75 kg).

El etiquetaje

ADVERTENCIA

El etiquetaje es fundamental para poder identificar correctamente cualquier producto que se vende en el mercado. Y, por supuesto, el jamón. Hasta 2016 no se empezaron a comercializar los primeros jamones ibéricos bajo la nueva norma de calidad, por lo que hasta ese año existió bastante confusión en el etiquetado. Había mucha controversia, por ejemplo, por la existencia de jamones etiquetados como ibéricos de bellota que no lo eran. Y es que los números hablan por sí solos: en España hay unos 3,5 millones de hectáreas de dehesas que permiten alimentar en buenas condiciones a un número limitado de cerdos ibéricos, con una capacidad máxima de producción de 2.800.000 jamones (entre jamones y paletillas), sin embargo, en 2015 se vendieron 4 millones de jamones ibéricos... Los números no salen, ¿verdad? Con la entrada en vigor de la nueva normativa esto está cambiando, y es de esperar que cambie aún más en el futuro, pues el jamón de bellota criado en una dehesa es un producto exclusivo y caro que debe ir acompañado de unas garantías, como el resto de productos.

Con la ley de 2014, los jamones ibéricos (dejo de lado por un momento el jamón serrano) pueden ser, en función del porcentaje de raza del cerdo (100 %, 75 % o 50 %) y del tipo de alimentación que recibe (bellota, cebo de campo o cebo), de uno de estos tipos:

- de bellota 100 % ibérico;
- de bellota 75 % ibérico;

- de bellota 50 % ibérico;
- de cebo de campo 100 % ibérico;
- de cebo de campo 75 % ibérico;
- de cebo de campo 50 % ibérico;
- de cebo 100 % ibérico;
- de cebo 75 % ibérico;
- de cebo 50 % ibérico.

Todos los términos como premium, reserva, nobleza, superior, calidad superior, etc., no indican la calidad real del jamón ibérico. Lo único que sirve para definir realmente el jamón es el porcentaje de raza y el tipo de alimentación recibida en la fase final del engorde (el último 50 %, o sea, aproximadamente de los 100 a los 150 kg). Pueden llevar estos términos en sus vitolas o etiquetas, pero no son determinantes para definir la calidad del jamón.

Para clarificar y simplificar un poco este escenario complejo, la ley de 2014 introduce la incorporación de un precinto de distinto color para cada designación, que debe colocarse en cada jamón y paleta cuando sale del matadero (insisto: estoy hablando aquí solo del jamón ibérico):

- Precinto negro: se usa solo para el jamón de bellota 100 % ibérico. Ya sabes, el que procede de cerdos 100 % ibéricos criados en las dehesas.
- Precinto rojo: identifica el jamón de bellota ibérico que procede de cerdos cruzados con Duroc Yersey y criados en las dehesas, o sea, alimentados con bellotas. Es como el anterior, pero con cerdos con un porcentaje de raza inferior al 100 % (75 o 50 %).
- Precinto verde: procede de cerdos alimentados con pastos naturales, hierbas y piensos, lo que ahora se llama cebo de campo. Es decir, el cerdo, independientemente de su porcentaje de raza (que puede ser del 100, el 75 o el 50 %), no ha comido bellotas.
- Precinto blanco: son jamones de cebo ibérico, es decir, proceden de cerdos alimentados con pienso compuesto de cereales y legumbres y criados en régimen intensivo. También pueden tener diferentes porcentajes de raza ibérica (100, 75 o 50 %).

Las etiquetas deben especificar también el porcentaje de raza ibérica que tiene que ser, al menos en un 50 %.

La siguiente ilustración lo resume de una forma sencilla y clara:

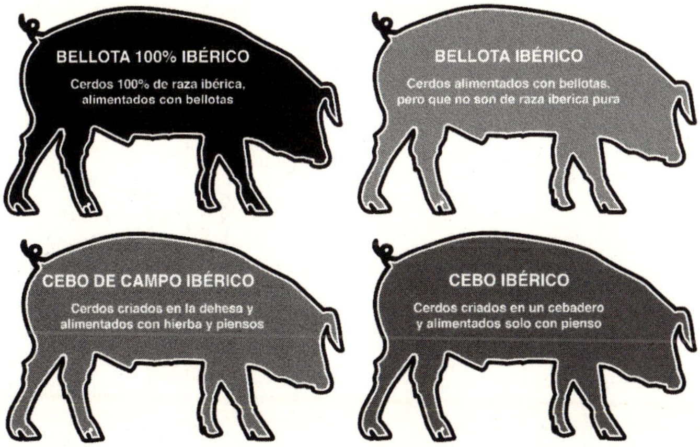

RECUERDA

La normativa, el control y los precintos garantizan la procedencia del jamón y tratan de aclarar los diferentes tipos de cara al consumidor, pero lo que no hacen es garantizar que el jamón sea bueno ni que guste más o menos. Eso le corresponde a los "cocineros" del jamón, a los encargados de vigilarlo y cuidarlo desde el momento de la matanza hasta que llega a la tienda. Por eso, en el siguiente capítulo vamos a ver cómo se cura un jamón y todas las variables que intervienen para que un jamón, como se dice tradicionalmente, "salga bueno". Es decir, para que cuando llegue a nuestra mesa lo podamos saborear y disfrutar al máximo. Porque esto del jamón, te lo recuerdo, va sobre todo de disfrutar.

4

Cómo se cura un jamón

EN ESTA PARTE . . .

Aquí veremos cómo se elabora un jamón: cómo se sala, cómo se seca, cómo se controla su proceso de curación, etc. Porque para que tú y yo podamos deleitarnos con el sabor único del jamón, una serie de personas han pasado muchas horas velando su sueño en los secaderos, aplicándoles grasa cada tanto, comprobando a diario que las condiciones de temperatura y humedad son adecuadas, etc. Es un proceso que, aunque ya permite el uso de la tecnología, depende todavía en gran medida de los conocimientos ancestrales y del arte de los maestros jamoneros.

EN ESTE CAPÍTULO

Desde la matanza a la mesa hay un largo proceso

El jamón tendrá el gusto, los aromas y los matices que cada elaborador decida

El tiempo de estancia en la bodega determina el nivel de maduración del jamón

Capítulo 7

El proceso de curación en detalle

Los preliminares

RECUERDA

La elaboración de un jamón empieza en el momento mismo del nacimiento del cerdo: realizando revisiones veterinarias para comprobar que está sano, controlando que se alimente bien de la madre durante la época de lactancia, procurando que tenga un pienso completo y de calidad para que crezca fuerte, etc. Eso dura unos 14 meses de media, variando según la raza del cerdo, el tipo de jamón que queramos obtener, la procedencia, la normativa vigente, etc. Una vez que se sacrifica, empieza la segunda etapa, el "cocinado", como lo llamamos los que nos dedicamos a este mundo. Y eso puede durar entre uno y tres años. El jamón ibérico de bellota, que vendría a ser el Messi o el Ronaldo de los jamones, precisa de unos 36 meses de curación antes de llegar a los establecimientos y venderse. Vamos a ver qué pasa durante ese tiempo.

Después de sacrificar el animal se procede a su despiece y comienza el proceso de curación. Las paletillas y las piernas pasan primero por un proceso de pelado. Se quitan los pelos y se limpian. Normalmente se pasan por una maquina compuesta por un túnel abrasivo con fuego y unos cepillos que limpian toda la pieza. El cepillado puede ser de diferentes tipos. En función del que se utilice quedará más o menas fino.

Después se dejan las piezas entre 24 y 48 horas en cámaras para que se asienten y atemperen. Las doce primeras horas están a una temperatura entre 1 y 2 grados con una humedad relativa del 70 %. La función de esta fase es evitar la podredumbre de la carne. Después se masajean una por una con el fin de eliminar los posibles restos de sangre que hayan podido quedar de la matanza. En este primer momento, la carne todavía está cruda y es muy maleable. Antiguamente esta operación la llevaban a cabo personas, pero actualmente existen unas máquinas con rodillos que de forma automática masajean las piernas y paletillas. Evidentemente es más ágil y rápido que hacerlo a mano y no afecta a la calidad del producto final. Como veremos, aunque el proceso de elaboración es todavía muy artesanal, el uso de tecnología es cada vez más habitual, y está bien que así sea siempre y cuando esto no merme la calidad del jamón.

Después de estos procesos preliminares, la pieza está a punto para empezar con el proceso de "cocinado" propiamente dicho, que arranca con la salazón.

La salazón

RECUERDA

El jamón final tendrá el gusto, los aromas y los matices que cada cocinero haya decidido que tiene que tener. Esto significa que, aunque el proceso de elaboración de todos los jamones es parecido, en cada una de las diferentes zonas de España productoras de jamón serrano, jamón ibérico y jamón ibérico de bellota tienen sus propios "secretillos". O sea, los que tiene cualquier cocinero o cocinera.

Los responsables de la curación tienen, antes de empezar, la ficha de cada animal y saben la raza, lo que ha comido, cuánta grasa tiene y otras informaciones relevantes. Además, saben qué gusto particular quieren darle a la pieza en función de las características propias de cada procedencia o de cada productor. Esa es justamente la gracia: que a partir de un producto de partida igual, se pueden conseguir matices muy diferentes, como en el vino. Esto es lo que todavía se conoce poco del jamón y que me gustaría seguir explicando para que cale en la gente.

EL PAPEL DEL "COCINERO"

Hacer un jamón es en realidad muy parecido a hacer una paella. Me refiero a que es tan importante la habilidad del cocinero como la materia prima. ¡O más! Porque si le das los mejores ingredientes a alguien que no sabe cocinar, la paella será horrible e incomible, mientras que si le das unos ingredientes mediocres a un buen cocinero, como mínimo será capaz de salvar la situación con dignidad.

Lo mismo sirve para el jamón: un cerdo ibérico de bellota en manos de un mal cocinero sería un auténtico desperdicio, por lo que los curadores son verdaderos expertos, capaces de sacar lo mejor de cada materia prima.

En los jamones se suele hacer un corte en forma de V a la pieza antes de empezar con la salación para que penetre mejor la sal. Hay una excepción, sin embargo: las paletillas de jabugo, donde el corte es redondo. Esto lo puedes ver fácilmente en cualquier tienda en que tengan los jamones colgando, como es costumbre. Es un detalle a tener en cuenta.

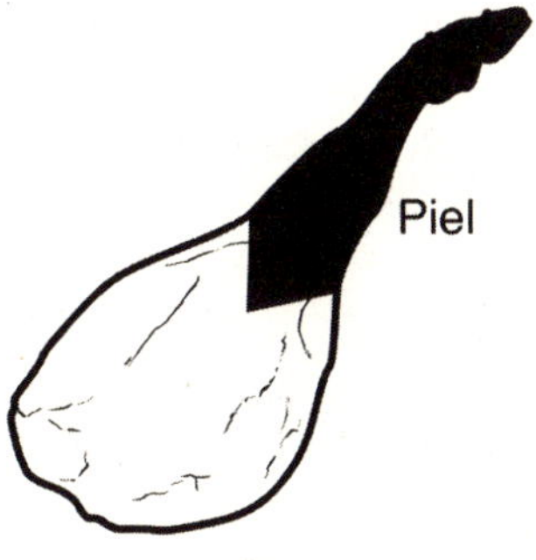

Jamón corte en V
con pata

INFORMACIÓN TÉCNICA

Veamos ahora qué es la salazón. Según el diccionario de la RAE (Real Academia Española de la Lengua), es "la acción de salar un alimento como carne o pescado para su conservación". El método que se utiliza para los jamones y las paletillas consiste en "enterrarlos" en sal con el fin de deshidratarlos parcialmente, reforzar su sabor e impedir la acción de las bacterias.

El salado se efectúa en contenedores donde se apilan varias capas de jamones, aunque no más de cinco alturas. Se trata de ir intercalando una capa de jamones y una capa de sal marina, de manera que la sal cubra por todos los lados a todos los jamones. Cada dos o tres días los contenedores se voltean, de manera que los de abajo pasan a estar arriba y viceversa.

Hace años, esto se hacía a mano. Se apilaban los jamones en una pared y se iban cubriendo de sal. Cuando tocaba los cambiaban de posición, colocándolos en la pared de al lado o de enfrente, los de arriba abajo y los de abajo arriba, cubriéndose nuevamente de sal a medida que los manipulaban. Ah, y procurando que quedaran un poco inclinados para que el agua corriera en dirección al sumidero. Y así hasta finalizar el proceso. Como veis, muy laborioso y totalmente manual.

Aunque algunos fabricantes lo siguen haciendo a mano, la mayoría usa ahora contenedores que se voltean automáticamente (con algún tipo de maquinaria). Este método tiene varias ventajas: los jamones quedan más estancos, es más fácil darles la vuelta, se ahorra tiempo y el salado es más homogéneo. Los contenedores tienen unas pequeñas aberturas laterales por donde sale el agua que se desprende por la acción secante de la sal.

INFORMACIÓN TÉCNICA

En cuanto a la duración del proceso de secado, va en función del peso de las piezas y del gusto del fabricante (a más días, más salada la carne). Puede oscilar entre 0,7 días y 1,2 días por kilo en fresco, o sea, una media de un día por kilo. Así, si el jamón pesa en fresco 14 kg, estará unos 14 días en sal. Durante este período, la sal va penetrando en el jamón, se reparte por toda la pieza y se va disolviendo en el contenido acuoso.

El corte previo en V, del que ya te he hablado, facilita este proceso y lo acelera un poco, ya que permite que la sal penetre antes y empiece a hacer su efecto. En función del sabor que se quiera obtener, el jamón se enterrará con más sal o con menos. Tiempo y cantidad de sal son las dos variables que permiten conseguir el salado deseado. Los profesionales que controlan el proceso vigilan día a día el estado de las piezas, asegurándose de que todo discurre de forma correcta.

Una vez transcurridas esas dos semanas, día arriba día abajo, se sacan los jamones de debajo de la sal y se lavan con agua templada (o con aire y cepillos) para ir eliminando la sal adherida. La sal que nos importa ya está dentro de la pieza, el resto sobra. También se realiza el moldeado, perfilado y afinado, es decir, se mejoran los rasgos morfológicos del jamón, ya que en la cámara de salazón han estado apilados unos encima de otros.

Antes de llevar el jamón al secadero tenemos otra fase: el postsalado o asentamiento, que tiene la finalidad de conseguir una distribución homogénea de la sal por el interior de la pieza. El proceso dura entre 40 y 60 días, y durante este tiempo los jamones permanecen colgados a cierta altura y a baja temperatura, entre 0 y 6 grados, con una humedad del 80-90%. En esta fase se va eliminando de forma lenta y paulatina el agua superficial, con lo cual las piezas van adquiriendo una mayor consistencia interna.

Secaderos

La siguiente fase es el secado, que se realiza en secaderos naturales, hoy día automatizados, y se prolonga hasta el "sudado" de las piezas. Suele durar unos seis meses, durante los cuales la grasa se va infiltrando entre las fibras musculares, las cuales, una vez impregnadas, retendrán el aroma. Suele hacerse en dos fases de 3-4 meses cada una: la primera a una temperatura de 6 a 16 grados con un 60–80% de humedad y la segunda a una temperatura de 16 a 30 grados y con una humedad de 55–85%. Según la calidad o el tipo de jamón, puede alargarse un poco más o un poco menos. Aquí están la habilidad y la experiencia del "cocinero" para valorar qué efectos tendrá cada una de las variables que intervienen en el proceso de secado.

Antiguamente colgaban los jamones por la pezuña o la caña con cuerdas, mientras que ahora lo hacen en las llamadas perchas aéreas. Sea como sea, durante esta fase hay que tocarlo poco. Sí que hay que vigilarlo, pero sin manipularlo demasiado. Las piezas necesitan tranquilidad y tiempo. De hecho, en este período no es necesario hacer gran cosa, tan solo vigilar las condiciones de luz (poca), temperatura (constante) y humedad (controlada) para que los jamones hagan su proceso sin sobresaltos. Cualquier variación importante de estos factores podría perjudicar el resultado final, porque es el momento en que la carne empieza a ponerse dura, a coger consistencia.

El secado se realizaba antaño en altillos o en salas con ventanas que se abrían y cerraban en función de la hora del día y de la climatología de la zona. Hay todavía algunas zonas de España, ya pocas, donde se sigue haciendo así, de forma tradicional. Se abren y cierran las ventanas y la naturaleza se encarga del resto.

Esta fase de secado arranca aproximadamente en marzo-abril. En esa época, en la sierra todavía hace frío. A partir de mayo la temperatura natural va subiendo y el jamón, de forma natural, empieza a sudar.

Todo el conjunto se va impregnando y lo que era inicialmente carne salada se transforma, poco a poco, en carne impregnada con un aceite sabrosísimo. No hay que hacer nada, solo vigilar que la temperatura y la humedad se mantengan dentro de los parámetros mencionados y esperar. Ir inspeccionando el proceso, pero sin prisas, con mucha paciencia.

En los secaderos artificiales es algo más fácil, pues se pueden crear unas condiciones a medida. No hace falta ir abriendo y cerrando ventanas para que haya corriente de aire y bajen o suban la temperatura y la humedad. El efecto es el mismo que si se llevara a cabo en un altillo, pero en cámaras especialmente diseñadas para este proceso, por lo que todo es más fácil. Las perchas aéreas van girando dentro del secadero para que a todos los jamones les toque el aire por igual y su curación sea lo más uniforme posible. Son las ventajas de las tecnologías, que siempre son bienvenidas si sirven para facilitar los procesos sin alterar la calidad.

Maduración y envejecimiento

La última fase es la de maduración en bodegas, cuya duración, al igual que la del secado, depende de la calidad y el peso de los jamones. Las piezas se cuelgan en bodegas durante un período comprendido entre los 6 y los 30 meses. En ese tiempo, la temperatura puede oscilar entre los 10 y los 20 grados, y la humedad relativa debe mantenerse entre el 60 y el 80 %. Los procesos bioquímicos iniciados en la curación continúan e interviene en ellos la flora microbiana, que le conferirá su peculiar aroma y sabor final.

En esta fase sí hay que estar un poco más encima de cada jamón y cada paletilla. Una de las actividades que llevan a cabo los cuidadores es el engrasado de las piezas con manteca, que sirve para protegerlas y conseguir una curación lo más homogénea posible. Este engrasado se hace con manteca templada, diluida, y se aplica especialmente en las zonas donde podría estropearse. Aquí interviene el conocimiento y la habilidad de los maestros curadores. Hay que poner manteca en el lado del jamón o la paleta con menos grasa para evitar que se seque demasiado. Así, posteriormente, cuando cortemos lonchas de la pieza el color será bastante homogéneo, quizás un poco más oscuro en la zona con menos grasa, porque se ha secado más, pero solo un poquito. Este proceso de "engrasado" se realiza manualmente y se repite a medida que el jamón va absorbiendo la manteca.

INFORMACIÓN TÉCNICA

En las bodegas, pues, los jamones no están tan tranquilos. Se los mueve más. Durante este tiempo, además, pueden llegar a acumular hasta 3-4 centímetros de moho. Esto es buenísimo, pues también transmiten aromas al jamón. Una curiosidad: cada zona de España produce un tipo de moho característico: el de Guijuelo es blanco, el de Jabugo es oscuro, etc. Mientras está en las bodegas, el jamón no solo va cambiando por dentro, ¡también por fuera!

Veamos un diagrama explicativo en el que se resume todo el proceso de curación descrito hasta aquí:

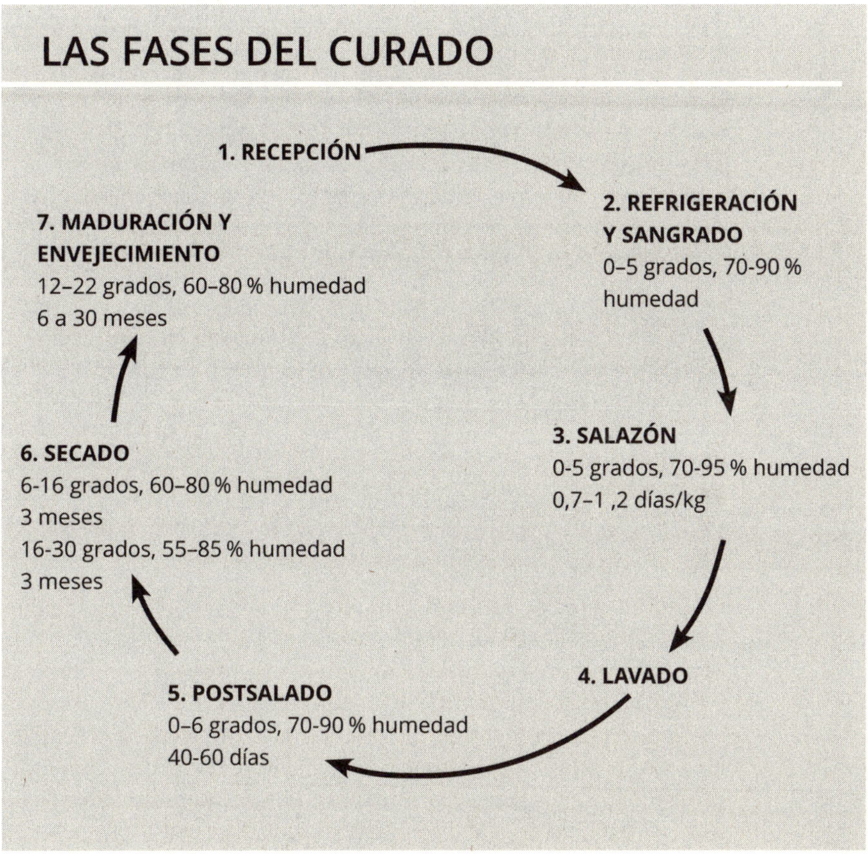

Alguien podría pensar que las condiciones de temperatura y humedad de los secaderos o de las bodegas se pueden reproducir en cualquier parte del mundo, lo que permitiría hacer jamones ibéricos en cualquier lugar (siempre que la materia prima sea el cerdo ibérico, claro). Sin embargo, es difícil que alguien, en algún lugar del mundo, pueda reunir los conocimientos acumulados a lo largo de más de dos mil años en España, donde el jamón no es un simple alimento, ¡es casi una religión!

EL PAPEL DEL HUESO EN LA CURACIÓN

Cuando un jamón sale de la salazón todavía está crudo. A medida que la sal penetra en la carne y en el hueso, se va secando y "cocinando".

El hueso, que representa entre un 30 y un 40 % del peso de un jamón, ocupa un papel importante en la curación, pues mientras la pieza está con el hueso va curándose. Cuando separamos la carne del hueso para venderla en forma de lonchas, tacos o incluso trozos enteros, hay que envasarla al vacío enseguida para que no pierda sus propiedades, pues ya no se conserva tan bien.

Aunque no se come, el hueso tiene un papel importante no solo en la curación, maduración y envejecimiento, sino también después: es un ingrediente importante en muchos caldos y guisos tradicionales de diferentes lugares de España.

EN ESTE CAPÍTULO

Elaborar jamón sigue siendo en gran medida un proceso artesanal

Un jamón también puede salir mal, por eso hay controles de calidad

La tecnología también ayuda a garantizar la calidad

Capítulo 8

Asegurar la calidad

Controles

En algún momento te he mencionado a los profesionales del sector del jamón, pero me gustaría insistir en su papel imprescindible, pues hacer jamones no es como hacer piezas de coche, con todos mis respetos para la industria automovilística y sus trabajadores. Aquí hay mucho arte, además de profesionalidad. Los que se dedican a esto del jamón son grandes expertos, la mayoría con muchos años de dedicación, incluso toda una vida. Son conocedores de una tradición secular y velan durante muchos meses, incluso años, para que en unos segundos nuestro paladar y nuestros sentidos disfruten de un producto único en el mundo.

RECUERDA

Durante todo el proceso de elaboración, estos expertos realizan innumerables controles de calidad. Empiezan en la propia granja, donde las crías pasan revisiones personalizadas para su identificación, para certificar su procedencia y para comprobar su óptimo estado de salud. Después tienen que cumplir las estrictas normativas que por ley regulan todo el proceso. Desde la salazón hasta que salen de las bodegas, cada jamón y cada paletilla son observados e incluso mimados regularmente.

Además, por si todo eso fuera poco, antes de salir de las bodegas en dirección a las tiendas, todavía hay otro paso importante que se repite varias veces: el calado. En el caso de mi empresa, lo hacemos en nuestro almacén, donde custodiamos con celo los jamones de diferentes procedencias que luego enviamos a nuestras tiendas.

El calado se realiza introduciendo en el jamón una pequeña herramienta larga y punzante, la cala, que mide unos 12 cm de largo. Puede ser de diferentes materiales siempre y cuando sea inodora (suelen ser de hueso de ternera o caballo). Se utiliza para detectar a través del olfato posibles defectos de las piezas antes de que lleguen al consumidor final, e incluso en las tiendas a veces se utiliza para olfatear la pieza antes de ponerla a la venta. Se introduce la cala y se extrae rápidamente. Si huele bien, ningún problema. Si el olor es desagradable, señal de que el jamón no ha madurado bien y se descarta para la venta.

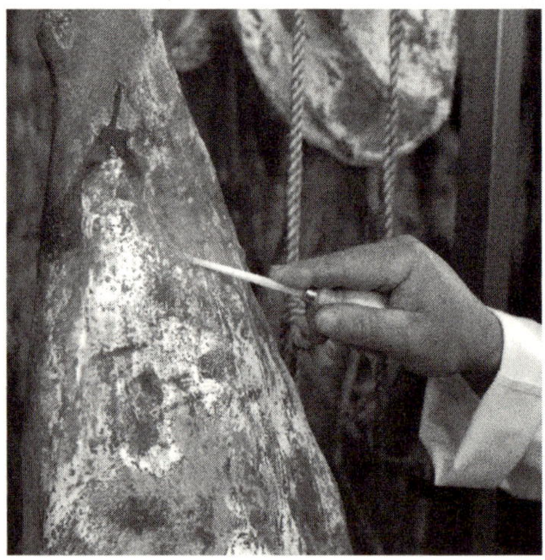

La acción de calar es rápida y breve para que la pequeña hendidura que se hace en la pieza no la dañe y para que cicatrice sin más. Es imprescindible realizarla correctamente para que no entren parásitos ni cualquier agente extraño que altere el jamón o la paletilla. Se practica en tres zonas diferentes:

- A la altura del hueso puente, también llamado rabadilla, que es el punto donde se une el fémur con la cadera.

- En el mismo punto pero por el lado de la babilla, a la altura de la vena femoral.
- En el punto donde se unen tibia y peroné con el fémur.

En los secaderos existe la figura del calador, que es un experimentado profesional que con su maestría y sus facultades olfativas (muy bien adiestradas para identificar aromas) facilita la selección de los mejores jamones de manera natural y detecta defectos o alteraciones.

Como ves, en la actualidad y debido al estricto examen de todos los procesos, podemos afirmar que los controles de calidad son muy rigurosos. Al fin y al cabo se trata de un alimento y tiene que cumplir con una estricta normativa. También hay, como en todos los sectores, quien actúa fuera de la ley y de forma poco honesta, pero de ellos ya se ocupan las autoridades sanitarias. Yo aquí me limito a hablar de los que invierten esfuerzos y recursos para que sus jamones tengan la calidad que merecen. De los que ponen el alma para hacer las cosas bien y con la máxima exigencia. Que son la inmensa mayoría.

¿Hay jamones que salen mal?

Sí, pero normalmente no llegan a las tiendas. Hoy día, gracias a la tecnología, se producen muchos menos fallos en el proceso de elaboración que hace unas décadas. Antes, para mover 10.000 jamones en un secadero necesitabas una cuadrilla de gente y mucho tiempo. Se hacía a mano, con lo que alguien podía tener un descuido. Hoy día es diferente. La mayoría de secaderos están automatizados y pueden controlar perfectamente las condiciones de temperatura y humedad, así como el movimiento de los jamones para que se oreen. Los posibles fallos se han minimizado mucho.

En las tiendas Enrique Tomás realizamos varios controles suplementarios para garantizar que el jamón que vendemos, ya sea en piezas enteras, en lonchas o en tacos, esté en perfectas condiciones de consumo y conserve al máximo sus propiedades. No solo realizamos en el almacén un calado de todos los jamones que compramos a los productores, sino que volvemos a inspeccionarlos cuando llegan a nuestros establecimientos. Nos fijamos en todo y algunos a veces se devuelven, pues aunque tal vez podrían "pasar" como buenos, si no nos parecen excelentes preferimos no venderlos.

El tacto, el aspecto y el olor nos permiten ver muchas cosas antes de proceder a la venta. Los que ya tenemos experiencia y hemos visto desfilar ante nuestros ojos miles y miles de jamones, podemos apreciar su estado únicamente viéndolo. Nos fijamos en el color de la grasa, en si los pliegues de la corteza superior están más o menos hundidos, etc. Pero esto es imposible de transmitir: va con la experiencia.

El uso de la tecnología

La tecnología facilita los procesos y, por supuesto, no hay que renunciar a ella. Si podemos automatizar algunos procesos sin perder calidad, ¿por qué no hacerlo? Incluso es posible que el proceso se pueda controlar mejor y el margen de error sea más pequeño. Si minimizamos las posibilidades de error, la calidad sale ganando.

Respeto las decisiones de cada productor siempre y cuando el resultado final sea bueno. Como en muchos otros sectores, al principio puede parecer que lo anterior es mejor, pero al final lo que cuenta es el resultado. Y si, además, la tecnología nos hace a todos la vida más cómoda y feliz, miel sobre hojuelas.

Lo que no respeto es la búsqueda de beneficio económico en detrimento de la calidad. O, mejor dicho, lo respeto, pero no lo comparto y no participo de ello. El beneficio económico, desde mi punto de vista, debe ser una consecuencia de hacer las cosas lo mejor posible para obtener la máxima calidad, cada cual dentro de su campo. El productor debe ser el primer interesado en que todo salga y se haga correctamente, con o sin maquinaria.

Volviendo a la tecnología, en el mercado hay maquinaria para todos los procesos de elaboración del jamón: escaldado, desangrado de jamones por rodillos de presión, palas depilatorias, carriles para las perchas aéreas, equipamientos para regular la temperatura en secaderos, hornos de secado, cocción, ahumado, etc. Ahora bien, algunos procesos, como untar los jamones con manteca templada, tal y como hemos visto, hay que hacerlos de forma manual. Cada firma decide qué tecnología quiere y puede implantar. Para mí, como comerciante y como consumidor, lo único importante es que el resultado final sea de la máxima calidad.

Y dicho esto, nos vamos de compras.

5

Nos vamos de compras y luego a casa con él

EN ESTA PARTE . . .

Y ahora nos vamos de compras. Pero no a cualquier sitio: el jamón es mejor comprarlo en una tienda especializada. No es imprescindible, pero seguro que nos podrán informar mejor y nos ayudarán a elegirlo y nos darán información útil que nos permitirá apreciado y saborearlo mejor.

En esta parte trataré de aclararte una serie de interrogantes muy habituales cuando vamos a comprar jamón: ¿Es mejor comprar un jamón entero o un sobre? ¿El jamón caduca? ¿Cambia el sabor si está cortado a mano o a máquina? ¿Cómo debe estar envasado para que conserve todas sus propiedades? ¿Es mejor conservarlo en la nevera o fuera? ¿Lo podemos congelar? ¿Cómo se debe cortar? ¿Hace falta un cuchillo especial? Y un largo etcétera de dudas que por fin despejaremos.

EN ESTE CAPÍTULO

- Siempre que puedas, compra en una tienda especializada
- Para el buen vendedor, la venta no acaba cuando el cliente se va, sino cuando vuelve
- Cómo elegir un buen jamón

Capítulo 9

El jamón en la tienda

Diferencias entre un supermercado y una tienda especializada

El título de este capítulo puede parecerte, a primera vista, extraño, porque aparentemente comprar jamón es muy fácil: le pides al charcutero que te lo corte (o lo coges del lineal del súper), lo pagas y listo. Sin embargo, no es tan fácil comprar justo el jamón que quieres o necesitas en cada momento, ya que hay una gran cantidad de tipos, de variedades, de cortes, de formas de envasado y de precios, y elegir los que más se ajustan a tus gustos, a tus circunstancias concretas y a tu bolsillo no es tan fácil.

No sé si ya eres comprador habitual de jamón ni, en caso de que lo seas, dónde sueles comprarlo. Desconozco también si en el lugar donde vives es fácil encontrar jamón, pues en España lo venden en cualquier pueblo, incluso en los más pequeños, pero fuera de España la situación varía según los países y, dentro de cada país, según las zonas. Por tanto, mis consejos en este apartado son genéricos y debes adaptarlos a tu situación. Si no tienes el hábito de comprarlo, este es un buen momento para empezar a adquirirlo, y si ya lo tienes, tal vez puedes replantearte algunas cosas.

CONSEJO

Para empezar, soy partidario, por mil y una razones que trataré de resumirte aquí, de comprarlo en tiendas especializadas. Es cierto que no siempre tenemos cerca una tienda de estas características por lo que tendremos que recurrir al supermercado, al colmado de la esquina o una parada de embutidos y quesos del mercado. En algunos mercados puedes encontrar vendedores experimentados con grandes conocimientos y variedad de productos para satisfacer tus necesidades de cada momento, pero no suele ser lo habitual. Mucho menos en los grandes supermercados, pues tienen muchos productos y es imposible saber mucho de todo.

Hay varias razones para preferir una tienda especializada, entre ellas:

- La profesionalidad de los vendedores, a los que puedes pedir consejo con la seguridad de que te asesorarán bien.
- La variedad de tipos de jamón, cortes y envasados que puedes encontrar, que te permitirá responder satisfactoriamente a cualquier situación, además de ir probando diferentes sabores.
- La mejor exposición y conservación del producto.
- Lo mucho que puedes aprender preguntando a los tenderos y fijándote en las etiquetas de los productos, tanto los envasados como las vitolas de las patas enteras.

Cuando vas al súper, normalmente vas con prisas y no te paras mucho a informarte ni a escoger, y el jamón, como vengo diciéndote desde el principio del libro, no admite prisas. En el súper, además, solemos comprar según una rutina, y el jamón debe ser cualquier cosa menos un consumo rutinario. Insisto: no se trata de llenar el estómago, sino de disfrutar.

Cuando entras en una tienda especializada, en cambio, el asesoramiento está garantizado. Y el entorno invita más al disfrute pausado. Entras en un mundo de sensaciones y puedes empezar a disfrutar del jamón desde ese mismo instante: de los aromas, de la elección, de la anticipación. Es como preparar un viaje o dejar que te lo organicen. Si lo preparas tú, disfrutas del viaje desde el momento mismo en que empiezas a organizarlo, porque ya te imaginas viajando y cada pequeña acción que te lleva a tu destino es un logro y un placer.

La venta acaba cuando el cliente vuelve

Te explico todo esto desde la propia experiencia, pues llevo vendiendo jamón detrás de un mostrador desde los dieciséis años. Empecé en el puesto que mis padres tenían en el mercado de la Salut, en el municipio de Badalona (Barcelona), de donde soy originario. Luego abrí mis propias tiendas especializadas y ahora poseo un centenar largo en todo el mundo. Y sé que el cliente no recibe la misma atención ni tiene la misma experiencia de compra en un súper que en una "jamonería". Nosotros tenemos al cliente delante y lo miramos a los ojos, tratando de entender o incluso adivinar sus necesidades y gustos. El trato es personalizado y a medida, y la satisfacción del cliente es absolutamente prioritaria, pues justamente vivimos de esa satisfacción, que es la que lo hace volver y comprar con frecuencia. No digo que las grandes áreas no piensen en el cliente, no me malinterpretes, pero tienen tantos productos que ofrecer que no pueden ser expertos ni ofrecer tanta variedad.

Hay algo que transmito siempre a mis empleados, especialmente a los que están detrás de una barra o un mostrador: que la venta no termina cuando el cliente paga, sino cuando vuelve a comprar. Este es uno de los pilares de mi negocio. Toda tienda que aspire a mantenerse debe fidelizar a su clientela vendiéndole buenos productos y dándole buenos consejos.

En nuestro caso, además, cuando un cliente nuevo entra en una de nuestras tiendas suele tener unas expectativas, y nuestra misión es cumplir con ellas y, a ser posible, superarlas. Cuando una persona se gasta 15 o 20 euros en 100 gramos de jamón, o 300 o 400 en un jamón entero, precios habituales en el jamón ibérico de bellota, lógicamente esperas encontrar un grado de satisfacción alto. Si somos capaces de satisfacer esa expectativa, no solo repetirá, sino que nos recomendará. Y esa es la segunda clave del éxito: la prescripción. De todos modos, no te asustes si te parecen precios elevados, pues hay jamones de muchos tipos y precios, o sea, para todos los gustos y bolsillos. Lo que pasa es que siempre aconsejo probar, aunque sea una vez en la vida, un jamón ibérico de bellota, porque se trata del no va más, de una joya gastronómica de reconocimiento mundial.

RECUERDA

Por tanto, en una tienda especializada siempre encontrarás variedad, calidad y un profesional que te orientará y ayudará en tu compra. Por ejemplo, en la cantidad de jamón que debes llevarte. Alguien podría decir: "Cuanto más compre, mejor". Pero no, porque, insisto, mi objetivo es que vuelvas, y si te llevas un kilo de jamón para ti solo/a y tardas seis meses en acabártelo, el del final no te sabrá ni la mitad de bueno que el del principio y pensarás: "Vaya, no había para tanto". Si soy un buen vendedor, te preguntaré por qué necesitas un kilo y en cuánto tiempo lo gastarás, y preferiré que te lleves solo 100 gramos y que los disfrutes de verdad, y luego, si quieres más, ya volverás.

Si no tienes una tienda especializada cerca, busca un vendedor de confianza, alguien que sepas que no te dará gato por liebre. En mis tiendas, y perdona que vuelva a ponerme como ejemplo, si un cliente se lleva un jamón, lo empieza y no le gusta, nos lo puede traer y le devolvemos el dinero (menos la parte que se haya comido, claro). Y le preguntamos por qué no le ha gustado para no volver a venderle lo mismo. Si le ha parecido demasiado fuerte, necesita un jamón de sabor más suave. Si considera que tiene demasiado tocino, les vendemos otro con menos grasa, etc. Siempre digo que, aunque sea el dueño de la empresa, tengo muchos jefes: ¡mis clientes! Ellos son los que deciden, con sus elecciones, qué productos tenemos en nuestras tiendas. Gracias a ellos sacamos adelante el negocio, mantenemos a nuestras familias y pagamos la hipoteca. Por eso volcamos toda nuestra atención en su satisfacción.

Una vez leí un libro titulado *Una Queja es un Regalo* y me encantó. Desde entonces, me tomo las quejas como una oportunidad de mejorar. Cuando alguno de mis encargados de tienda me dice: "Oye, ten cuidado con este tema porque he tenido un par de clientes que se han quejado", el comentario no cae en saco roto. Y si se refiere a la calidad de un producto determinado, se lo traslado al productor correspondiente. Más de una vez he tenido que decir a gente que me cae bien, incluso amigos, que no podía seguir comprando su producto porque no le gustaba a mi clientela. Y es que, insisto: mis clientes son los que mandan.

La exposición correcta del jamón

¡Aquí hay mucho tema! Si vives en España o has venido a visitarnos en alguna ocasión, sin duda habrás visto bares y restaurantes donde tienen una cantidad importante de jamones colgando del techo. Esta no es, te lo aseguro, la exposición correcta del jamón. Quedan muy típicos y muy bonitos, pero se estropean. Si son de cartón piedra y sirven de atrezo o decoración, bien, pero si no, el jamón debe estar en su sitio correcto. Como te he ido explicando a la largo del libro, en la elaboración del jamón intervienen muchos profesionales que hacen su trabajo con esmero y que merecen un respeto. Si después de todo ese proceso se cuelga el jamón del techo y se queda ahí dos años y luego se descuelga y se abre y se sirve... El resultado es un horror y desmerece el trabajo de todas esas personas.

ADVERTENCIA

Si pides jamón en un restaurante donde tengan jamones colgando del techo, pregunta cuánto tiempo llevan ahí. Tener los jamones colgados del techo solo se justifica si cada día el restaurante (donde seguro que se come muy bien, porque una cosa no quita la otra) descuelga uno o varios y se van consumiendo y reponiendo. Y si las condiciones de humedad y temperatura son las adecuadas para la conservación de los jamones, cosa bastante improbable. Aún recuerdo cuando se fumaba en los locales públicos y estaban los jamones allí colgados, y encima ahumados... ¡un desastre!

Señores restauradores, por favor, revisen dónde ponen los jamones, porque antes de llegar a su local ha sido tratado con tacto y tiempo, con dedicación y profesionalidad, y merecen un respeto. No los coloquen cerca de fuentes de calor, de hornos, fogones, etc. Eso es un sacrilegio. Y si los cuelgan del techo, que no pasen ahí mucho tiempo, que haya una rotación para que esa delicia roja no se estropee y los consumidores podamos disfrutarla como Dios manda.

En nuestras tiendas (y, en general, en las tiendas especializadas) estamos muy pendientes de que las condiciones de temperatura, luz, calor y humedad sean las correctas para que los jamones que exponemos mantengan todas sus cualidades. Nos aseguramos, además, de que durante el proceso de distribución no se rompe en ningún momento la cadena de frío. De la fábrica pasan a los almacenes y de los almacenes a los establecimientos, siempre manteniendo una temperatura adecuada.

¿Este jamón es bueno? ¡Dígamelo usted!

Si un día decides darte un homenaje (porque tú te lo mereces) y vas a una tienda y pides 100 gramos de jamón ibérico de bellota, ¿qué seguridad tienes de que ese jamón es, efectivamente, ibérico de bellota? ¿Cómo puedes saber que, en realidad, no te están vendiendo ibérico de cebo, por ejemplo? ¿Serías capaz de distinguirlo por el aspecto? La respuesta a todas estas preguntas es... "confianza". Lo importante es que acudas a un establecimiento que te dé confianza, donde te atienda una persona de confianza y donde los productos expuestos sean de confianza.

Es muy probable que si vas a una tienda de confianza te dejen probar el jamón antes de vendértelo. No es lo mismo comprar un melón sin abrir, que te puede costar 3 o 4 euros, que un jamón, sobre todo si es ibérico. Aun así, recuerdo que en mi infancia los vendedores ambulantes de melones y sandías los daban a probar a las clientas (eran mayoritariamente mujeres). Con más motivo con un jamón.

CONSEJO

Siempre que sea posible, pide al charcutero que te lo abra y te lo dé a probar. Incluso aunque no se trate de un jamón entero, sino de 100 o 200 gramos cortados al momento, pide probarlo antes. Si la persona responsable del establecimiento está convencida de lo que vende, te lo ofrecerá antes de que lo pidas, pues sabe que de tu satisfacción depende que vuelvas y te conviertas en un cliente fiel. Y para que tu *jamon experience* sea satisfactoria, es importante que te lleves el jamón que realmente quieres y en la cantidad que realmente necesitas. En esto, como en otras cosas, hay una gran diferencia entre las tiendas especializadas y las grandes superficies, donde el producto se compra mayoritariamente envasado.

Cada cliente es un mundo y se fija en cosas diferentes. Si no tienen mucha experiencia comprando jamón, suelen fijarse antes que nada en el corte. Miran un jamón empezado y dicen "quiero de este", pues es el que le parece más atractivo. Cuando saben un poco más, le piden al dependiente algo concreto o le dan pistas sobre lo que quieren. Por ejemplo: "Quiero un jamón suave, que no se enganche en la garganta". O: "Quiero un jamón muy curado y de sabor fuerte y persistente". El buen vendedor pregunta y escucha atentamente antes de ofrecer un jamón concreto, pues es la forma de dar con el que mejor se adapte al gusto y al bolsillo de cada cliente. Y cuando no tiene el que le piden, lo acepta con humildad: "Ahora no tengo ese que a usted le gusta, pero tengo este otro, que es parecido... Pruébelo y dígame qué le parece". Un cliente entiende perfectamente la frase "hoy no tengo el jamón como le gusta"; lo que no entiende es que un día se lleve uno que le gusta y al cabo de una semana pida el mismo y no se parezca en nada. Es cierto que no hay dos jamones exactamente iguales, pero los de un mismo tipo y una misma procedencia deben tener unas características más o menos homogéneas.

Lo peor que puede pasar es que te vendan un jamón que luego no te guste. Porque si no te gusta, no te lo comerás o te lo comerás a cuentagotas, y mientras tanto no comprarás más (porque ya tienes uno en casa). De esta manera sale perdiendo todo el mundo, los que lo vendemos y tú, porque no disfrutas, que es al final lo que cuenta.

En cambio, si lo pruebas, te gusta y se ajusta a tu presupuesto, el éxito está asegurado. Y seguro que en el mismo momento de pagar tu compra ya anticipas el placer de degustarlo en casa, más todavía si es en buena compañía.

¡Que no se pase!

CONSEJO

La mejor forma de comer jamón es cortar una loncha y metértela directamente en la boca sin pasar ni siquiera por el plato. Cortar de la pieza y comer de inmediato. Cortar y comer, cortar y comer... ¡Qué placer más delicioso! Hay pocas cosas que me gusten más que sacar un jamón cuando tengo amigos en casa e ir cortando y compartiéndolo con ellos. Las risas y el placer compartido están garantizados.

Pero como cortar y comer no siempre es posible, hay que procurar al menos que pase el mínimo tiempo posible entre una cosa y otra. Y, si tienen que pasar más de 24 horas, pedir que te lo envasen al vacío, porque en solo un día ya habrá perdido buena parte de sus propiedades.

Os decía una líneas más arriba que es importante controlar la exposición del jamón en las tiendas, los restaurantes, los bares, etc. Lo mismo sirve para tu casa. Y de una manera u otra los profesionales somos responsables de que sepas bien cómo conservar, consumir y disfrutar el jamón. Por eso, trataré de darte algunas pautas para evitar que el jamón que has comprado se eche a perder. Porque el primer interesado en que eso no pase soy yo.

Para empezar, cuando compres jamón no lo dejes en el coche o en otro sitio expuesto a altas temperaturas. Llévalo a casa lo antes posible para que no pierda muchas propiedades por el camino. ¿Verdad que si compras pescado fresco o yogures intentas pasar por casa lo antes posible para dejarlos en la nevera y no romper la cadena de frío?

CONSEJO

Si compras un sobre de jamón por la mañana para consumirlo esa misma noche, la forma más conveniente de conservarlo es envasarlo al vacío. De hecho, gran parte de las ventas en mis tiendas no son jamones enteros, sino sobres cerrados al vacío con distintas cantidades y tipos de jamón. Lo cortamos nosotros mismos en lonchas y lo envasamos al vacío para que no pierda aroma ni sabor. En condiciones adecuadas (las veremos a continuación) esos sobres pueden mantener el jamón en óptimas condiciones varios meses, aunque solemos poner una fecha de caducidad no muy lejana (unas semanas) para invitar a que se consuman lo antes posible y evitar que el producto se estropee o pierda calidad. Lo importante es no dejar uno de estos sobres, y mucho menos unas lonchas envasadas de manera normal, demasiado tiempo sin consumir, porque tu experiencia, con independencia de quién tenga la culpa, será mala, y lo que queremos los que nos dedicamos a esto del jamón es que cuando te lo comas con tu familia o tus amigos esté perfecto.

El principal enemigo del jamón es el oxígeno, que hace que se oxiden los alimentos. Un jamón recién cortado no tiene otra protección que el papel donde lo ponemos, que aunque es especial, permite que aguante en la nevera tres o cuatro días. Si vas a tardar más en consumirlo, pide que te lo envasen al vacío, pues así no estará en contacto con el oxígeno.

Cómo elegir un buen jamón: la marca

Como te comentaba antes, para conseguir un jamón de la mejor calidad hace falta no solo una buena materia prima, sino también un buen cocinero. ¿Cómo puedes saber si un jamón ha sido bien cocinado? En primer lugar, como te decía unas páginas atrás, catándolo, pidiendo al vendedor que te deje probarlo. Ahí, aunque no entiendas de jamón, al menos sabrás si te gusta el sabor o no, y eso al final es lo más importante.

CONSEJO

Otra buena pista para escoger bien es fijarte en una marca que ya conozcas y que te inspire confianza, como harías a la hora de comprar cualquier otro producto. Si sabes que esa marca trabaja bien, con profesionalidad, esmero y cariño, ya tienes una cierta garantía, aunque como vengo diciéndote a lo largo del libro, cada jamón es diferente, y a una buena marca también puede salirle de vez en cuando un "producto defectuoso". Por eso te aconsejo que vayas a tiendas especializadas donde podrás escoger entre diferentes marcas. Esto te permitirá, además, probar diferentes tipos de jamón, porque comer siempre el mismo es muy aburrido. ¿O acaso compras siempre vino de la misma marca?

PATRIMONIO DE TODOS

Me encanta que se lleven jamones enteros de mis tiendas, como te puedes imaginar, pero con el tiempo he aprendido que es mejor que se lleven 100 g y vuelvan a que se lleven un jamón entero y no lo disfruten. Por eso, antes de vender un jamón entero me aseguro de que el comprador tiene las herramientas y los conocimientos para cortarlo bien (en el capítulo 11, "Cuando el jamón llega a casa", te explicaré en detalle cómo hacerlo). Y, por si acaso, al vender un jamón entero incluyo como regalo un cuchillo bien afilado para cortarlo en condiciones. Es tan importante que el cliente aprenda a cortar para disfrutarlo que asumo tener un poco menos de margen en la ganancia.

Hay que respetar el jamón para que podamos disfrutarlo durante mucho tiempo. Esta frase te puede parecer exagerada, pero te aseguro que no lo es. Todo lo que nos llevamos a la boca merece un respeto, pero todavía más un producto que requiere de tantos cuidados y de la implicación de tantas personas. Y, además, que es único en el mundo. Los profesionales que nos dedicamos a él tenemos que ocuparnos de no vender ni un solo jamón fuera de su momento óptimo de consumo.

Se puede vender más caro o más barato, en bocadillo o deshuesado, en lonchas o tacos, pero siempre dentro de los plazos óptimos. Cualquiera que venda un jamón que no esté en su punto óptimo está haciéndose un flaco favor a sí mismo y de paso al sector. Porque al final el jamón es patrimonio de todos y tendría que ser motivo de orgullo para los españoles que nos conozcan por algo más que el fútbol y las playas.

Cuando el jamón se consume en su momento óptimo, el nivel de disfrute se eleva al máximo. Incluso dentro de un bocadillo, que sería lo más básico a lo que podemos aspirar. En España se venden cada día miles de bocadillos de jamón, pero no todos merecen este nombre, por desgracia. Sin entrar en la calidad del pan, que no es mi terreno, te diré que el jamón de algunos de esos bocadillos no ha sido tratado con el debido respeto. En ocasiones se ha conservado durante tanto tiempo en cámaras frigoríficas que casi ha perdido todo su sabor (y, por supuesto, sus aromas originales). Incluso el más humilde de los bocadillos de jamón debería respetar este nombre y proporcionar a su consumidor un placer más allá de la satisfacción del apetito.

Comprar en una tienda donde tengan mucha variedad también te permitirá elegir en función de tu economía doméstica de cada momento y encontrar la mejor calidad-precio. Las tiendas especializadas conocen a los elaboradores y tienen contacto periódico con ellos, y ejercen un filtro de calidad que no encontrarás en otro tipo de establecimiento. Saben cuando una partida ha salido mejor o peor que las anteriores, por el motivo que sea, e incluso pueden informar a los fabricantes de los gustos y tendencias de los consumidores. Saben qué tipo de jamón tiene más salida en cada mercado y pueden, como hacemos en Enrique Tomás, pedir jamones a su gusto, pues saben lo que quiere y busca su clientela.

La ventaja de las tiendas multimarca es, además, que no tienen otro compromiso que el de satisfacer a sus clientes, por lo que si una marca baja su calidad no tienen la obligación de comprarle, a diferencia de las grandes superficies, que establecen acuerdos a gran escala en un despacho sin apenas conocer a los productores y sin probar el producto. En mi caso, procuro no solo conocer a los productores, sino que incluso los visito en su propia "casa" y veo cómo trabajan y cómo cuidan el producto. Parte de mi trabajo consiste justamente en eso: conocer a los principales elaboradores de toda España para poder disponer de los mejores jamones de cada variedad. Procuro que mi relación con todos sea la mejor posible, pues lo que un año no me interesa de un fabricante al año siguiente puede gustarme.

Cómo elegir un buen jamón: el color

Tenemos ya varios elementos a considerar a la hora de comprar el jamón. Primero, decidir entre el jamón serrano y el jamón ibérico. La elección no solo depende del precio, que también, sino de los gustos de cada cual. En algunas catas que organizamos en mi empresa con clientes y amigos de la casa, a veces un buen ibérico ha salido elegido por los participantes como el mejor por encima de los jamones de bellota. Así que esto va a gustos...

Por otro lado, la raza del cerdo y, en caso de que sea ibérico, el porcentaje de pureza (100 %, 75 % o 50 %), así como el tipo de alimentación que ha recibido (bellota, cebo de campo o cebo). Todo esto, en condiciones normales, debes encontrarlo en la etiqueta, junto con la procedencia, que es otro aspecto importante a tener en cuenta, pues cada zona tiene unas características de sabor y aroma concretas, como veremos más adelante, en el capítulo dedicado a la cata.

Otro factor importante es el aspecto, tanto si el jamón está envasado como si se trata de una pata ya empezada. En el primer caso, tiene que ser rojo con distintas tonalidades (más o menos brillante) y en el caso del ibérico debe estar entreverado con el blanco roto de la grasa. Si es un jamón envasado y lo ves granate oscuro, posiblemente no esté en las mejores condiciones. El jamón es rojo y todo lo que no tenga este color no es muy de fiar. Cuando se trata de una pata ya empezada, el tono puede ser un poquito más oscuro si ha estado expuesta al aire durante un rato, pues se habrá oxidado la parte expuesta. Te resultará fácil verlo, pues las patas empezadas suelen estar sobre un soporte de madera con la parte del corte a la vista.

ADVERTENCIA

Si su aspecto no es brillante, es posible que haya pasado demasiado tiempo expuesto y haya sufrido las alteraciones de la temperatura. Como te apuntaba anteriormente, es importante que el jamón, como cualquier alimento, conserve durante su manipulación y transporte la cadena de frío. A veces el jamón está a la intemperie, como en los mercados y ferias ambulantes, incluso expuesto al sol directo. Si la temperatura es fresca (5-10 grados) no pasa nada, pero si hace calor el producto se resiente. En el caso del jamón en lonchas, lo ideal es mantenerlo en frío de 0 a 5 grados.

En las tiendas, las autoridades sanitarias nos exigen controles estrictos en este sentido, por lo que es otro factor a tener en cuenta y un argumento a favor de acudir a un establecimiento especializado. Sin desmerecer los esfuerzos de todo el mundo para vender, no te aconsejo que compres jamón en un puesto ambulante o en una gasolinera, donde no siempre se respeta la cadena de frío. Si para comprar zapatos vas a una zapatería, para comprar jamón ve a una jamonería.

Cómo elegir un buen jamón: la forma

Un jamón no es un pastel. No se hace en un molde ni puede tener una forma geométricamente perfecta. Su forma, por definición, es irregular, pues al fin y al cabo estamos hablando de la pata de un animal. Si en el supermercado o en cualquier otra tienda encuentras sobres de lonchas perfectamente cuadradas o rectangulares, desconfía: es casi seguro que han amontonado a presión una serie de piezas en una máquina cortadora para lograr una forma geométricamente perfecta. Esto lo hacen porque algunos productores creen que de esta forma la presentación es más atractiva para los potenciales compradores.

O porque les facilita la posibilidad de hacer bocadillos. Pero ¿alguna vez has visto una pata de cerdo con forma de pan de molde?

Sucede lo mismo con la fruta: muchas personas se dejan llevar por el aspecto y luego resulta que esos tomates tan rojos y brillantes o esas peras de tamaño tan regular... ¡están verdes! En el caso del jamón, como en el de la fruta, no es mejor el que tiene una forma perfecta, sino el más natural. La preocupación por la presentación a veces va en detrimento de la calidad final. Lo importante es que tenga su color rojizo característico y conserve su aroma y su sabor. Retomando el tema del respeto, me parece poco menos que un delito que después de tres, cuatro o cinco años de elaboración cuidada alguien, por el hecho de querer ponerlo más bonito y así llamar la atención del consumidor, se cargue esa textura y ese sabor que tanto ha costado conseguir.

Cuando compres una pata entera, no podrás ver el aspecto interior a menos que te lo empiecen, cosa muy recomendable pero no siempre posible. En ese caso, puedes fijarte en algunos detalles de su aspecto exterior. Por ejemplo, la pezuña. La forma de la pezuña de cerdo blanco y de un cerdo ibérico son totalmente diferentes, como ya vimos al analizar su anatomía, pero además puedes fijarte en si la pezuña está machacada o no. Si está machacada quiere decir que el cerdo ha andado y, por tanto, si te dicen que es de bellota muy probablemente es cierto. Ten en cuenta que en sus últimos días debía pesar en torno a 150 kilos, y con ese peso y las irregularidades del terreno, la pezuña se desgasta. Si está perfecta, mala señal. Porque muy poco has de andar con este peso para que no se te note. Y si un cerdo que da un jamón de bellota no ha andado, dudo que le hayan servido las bellotas en bandeja.

Otro detalle exterior que denota que un jamón es ibérico es el grosor de la caña. La caña es mucho más gruesa en un jamón de cerdo blanco. En uno ibérico, en cambio, es más estilizada.

En cualquier caso, déjate asesorar. Es imposible saber si un jamón será bueno o no solo por su forma o su color. Además, su aspecto exterior no es de las cosas más bonitas que podemos encontrar, lo acepto, incluso puede ofender la vista de algunas personas. Y es que, al fin y al cabo, es la pata de un animal colgada del techo o anclada a una madera para que no se mueva durante el corte, con la pezuña claramente a la vista y piel y carne y grasa... Basta con que digas qué buscas y para cuántas personas y el profesional de la tienda, si lo es, te guiará y asesorará correctamente. Lo que queremos los profesionales es que al comerlo te derritas de gusto y exclames: ¡Madre mía, que cosa más rica!

Cada nueva visita a tu jamonería preferida es una buena oportunidad para probar nuevos sabores e ir educando tu paladar. Reconozco que en esto los españoles tenemos más suerte, pues tenemos al alcance de la mano los diferentes tipos y marcas de jamón serrano e ibérico. Pero, por fortuna, ahora también es posible comprar por internet, lo cual te abre a un mundo de posibilidades casi infinitas. Eso sí, como no podrás tocar ni ver directamente el producto, ni hablar y mirar a los ojos al vendedor, procura que sea una web de confianza y, sobre todo, que te garanticen la devolución en caso de que no estés satisfecho con tu compra.

Los primos del jamón

CONSEJO

Y ya que vas a encargar/comprar jamón, espero que, de paso, te animes con otros productos derivados del cerdo, que son también una delicia. Me refiero especialmente al lomo, al chorizo y al salchichón, aunque también a la morcilla, al morcón, a la panceta y a otros. Y si son de cerdo ibérico, mejor que mejor: más sabrosos. No son precisamente alimentos ligeros y de sabor suave, eso también te lo digo, pero tu paladar estará feliz.

El lomo ibérico es un manjar espectacular. Está elaborado con lomo de cerdo ibérico entero, sin grasa exterior, adobado y embuchado con tripa natural del mismo cerdo. El chorizo ibérico también es sensacional. Se elabora con carne picada y está adobado con diversas especias, entre las que destaca el pimentón.

Por otra parte, la morcilla es un embutido sin carne relleno principalmente de sangre coagulada. Presenta un característico color oscuro y está increíblemente buena a la brasa o la parrilla. Hay infinitas variedades repartidas a lo largo y ancho de la geografía española, pero la base es la misma.

El morcón ibérico es un tipo de embutido que contiene carne picada y especias, entre las cuales también está el pimentón. Se elabora de forma similar a chorizo, aunque se embute en el intestino grueso y por eso es más voluminoso.

La panceta ibérica se conoce también como tocino de veta o tocino entreverado, tocineta, beicon o bacón. Es piel de cerdo y se procesa y consume salada. También se encuentra ahumada. Presenta un elevado aporte energético.

INFORMACIÓN TÉCNICA

Además del jamón y los embutidos, de los que en España se pueden encontrar cientos de variedades, la carne del cerdo cruda es también muy preciada. Hay infinidad de cortes o partes, todas ellas comestibles y susceptibles de formar parte de sabrosas recetas: el solomillo, la cinta de lomo, el chuletón, la corona, el costillar, la carrillera, la plumilla, el abanico, el cabecero, la papada, el magro, la pluma, el secreto, los pies de cerdo, etc. En nuestro país, el cerdo es mucho más que un animal: ¡es un mundo!

EN ESTE CAPÍTULO

- No hay comprar más del que se vaya a consumir
- Los diferentes cortes y su utilidad
- Formas de envasarlo

Capítulo 10

Me lo llevo, pero... ¿cómo?

Cortado o entero

ADVERTENCIA

Después de leer hasta aquí, es posible que estés ya tan deseoso de tener un jamón en casa que tengo miedo de que te precipites. Quiero decir que si te compras un jamón entero y luego tu experiencia no es satisfactoria, no querrás repetir, y eso es justo lo que quiero evitar con este libro. De modo que, por favor, lee atentamente este capítulo antes de lanzarte a la calle a buscar una jamonería o de entrar en una página de internet y encargarlo.

Para empezar, debes saber que cuanto menos tiempo pase entre que empiezas un jamón y rebañas el hueso, mucho mejor. No por eso tienes que comer jamón para desayunar, comer y cenar (aunque no te pasaría nada si lo haces), pero sí tiene sentido que valores primero qué clase de consumo vas a hacer. Por ejemplo, si tu idea es comer un platito una vez por semana, mejor no compres una pata entera, porque se te acabará secando o estropeando. Compra un sobre con lo que vayas a comer cada semana, o compra cuatro una vez al mes bien envasados al vacío.

CONSEJO

Si aún así prefieres una pata entera, por el sabor o simplemente por el folclore, te aconsejo que empieces con una paletilla y veas a qué ritmo va menguando. Si sois buenos comedores de jamón, lo que significa que le vais dando un tiento día sí y día también, entonces podéis pasar al siguiente nivel. Pero piensa que un jamón de 7 kilos puede tener un aprovechamiento del 60 % o más, según la pericia del cortador, por lo que tendrás en casa 4 kilos largos de jamón. ¿Crees que en un mes os lo acabaréis? Si la respuesta es no, mejor opta por un sobre de vez en cuando o por un taco de uno o dos kilos.

ADVERTENCIA

También se pueden dar otras situaciones. Por ejemplo, no se te ocurra comprar un jamón entero a mediados de julio si a finales te vas de vacaciones. A menos, claro, que el jamón y el cuchillo te quepan en el equipaje y estés dispuesto a viajar con ellos. Por el contrario, si no tienes previsto viajar, o si en el calendario hay alguna fecha señalada en la que celebrarás alguna fiesta, un buen jamón siempre es motivo de celebración y gozo.

En resumen, piénsalo bien antes de elegir entre llevártelo cortado o entero. Piensa en lo que puedes comer en un día, en una semana, en un mes. No más allá. Y compra pequeñas cantidades (a menos que vivas en un país extranjero y no tengas a mano una jamonería, aunque, como te decía, con internet eso ya está solucionado). Si compras sobres y los guardas en condiciones (a continuación te explicaré cómo), no sufrirás por si la pata se seca o se estropea. Además, podrás ir variando de tipo de jamón y probarlos todos.

A mano o a máquina

Te recuerdo que todavía estamos en la tienda, comprando nuestro preciado jamón. Es decir, todavía no lo tenemos en casa (ese paso lo trataremos en el capítulo siguiente). Supongamos ahora que por el momento descartas llevarte una pata entera y que solo quieres 100 gramos para una cena con tu pareja en casa esa misma noche. Lo mejor en este caso es que pidas que te corten esos 100 gramos al momento para llevártelos a casa y dar cuenta de ellos sin prisa pero sin pausa, es decir, disfrutándolos pero sin dejar que pierdan aromas. Entonces el dependiente te pregunta: "¿Se lo corto a mano o a máquina?". ¿Qué le contestas?

INFORMACIÓN TÉCNICA

Desde hace tiempo arrastramos cierta polémica sobre si es mejor cortar el jamón a mano o a máquina. Hay quien cree, sobre todo los más puristas, que cortarlo a máquina lo estropea, que las cuchillas van a muchas revoluciones y "queman" el jamón. Esto me parece exagerado, pero también debo decirte que si la idea es comérselo enseguida, es mejor que te lo corten a mano. Siempre y cuando, claro, el que lo corte sea un buen profesional, lo haga con un cuchillo adecuado y le dé el grosor y el tamaño adecuado a las lonchas. Si es así, el jamón gana en frescura, en matices y, en definitiva, en calidad.

También, para serte totalmente sincero, no hay muchas personas capaces de apreciar la diferencia. Son necesarios años de ir educando el paladar. Si haces una cata a ciegas con el mismo jamón cortado a mano y a máquina, es probable que no aprecies ninguna diferencia. En cualquier caso, te invito a hacer la prueba, porque al final se trata de eso: ir probando, aprendiendo y, por el camino, disfrutando.

La práctica y la experiencia me demuestran que un buen jamón sigue siendo bueno tanto si lo cortas con un cuchillo como con una cuchilla. Y si es malo, da igual cómo te lo corten: seguirá siendo malo. Nosotros hacemos los bocadillos con jamón cortado a máquina y nadie nota la diferencia, porque el jamón que ponemos es bueno.

Volvamos a la tienda. Si finalmente pides que te lo corten a mano, es fundamental que lo hagan con la dirección, el grosor y el tamaño adecuados. Un mal corte puede estropear el trabajo de años. Por eso, la habilidad más importante que tiene que desarrollar una persona que venda jamón de cara al público es justamente esa: el corte. Tienen que convertirse en auténticos maestros. Si además te ofrecen su mejor sonrisa, perfecto, pero lo principal es que corten el jamón como mandan los cánones.

RECUERDA

El corte a mano tiene, a diferencia del corte a máquina, cierta liturgia que hace que se disfrute más. No hay que despreciar la importancia de los rituales, pues en ese corte manual y en esa acción precisa del maestro cortador hay ya un disfrute visual y el paladar se prepara ya para el disfrute que vendrá después. Tiene, como todas las actividades artesanales o manuales, una connotación humana, un sentimiento, una energía, un "quéseyo" que no tienen las máquinas, por muy precisas que sean.

En cualquier caso, un jamón verdaderamente bueno y bien cortado es siempre un manjar, sobre todo si se come en buena compañía. En España no hay evento o celebración importante, desde premio literario a una boda, sin un jamón y un maestro jamonero cortando con arte y salero.

Con hueso o deshuesado

El jamón o paletilla con hueso es el que hemos ido viendo hasta ahora, el que pondremos en la jamonera. El entero. El que presenta todas sus partes, incluyendo pezuña y hueso. El deshuesado es lo mismo pero sin el hueso. Y sin la pezuña, por supuesto.

En nuestras tiendas utilizamos las mismas piezas para venderlo entero o deshuesado. No todo el mundo lo hace, por eso te animo una vez más a que te fijes bien en las etiquetas y a que preguntes a tu tendero de confianza. Lo que sí hacemos es, de cada 10 piezas, escoger las 7 u 8 que tengan mejor presencia para venderlas enteras y el resto destinarlas a deshuese. Estas últimas suelen ser las menos agradables a la vista por cuestiones morfológicas o las que tienen más grasa de lo normal, pero son igualmente buenas, pues han pasado satisfactoriamente todos los controles de calidad, incluyendo el calado. En nuestros controles siempre hay, inevitablemente, algún jamón que no ha madurado bien y que no damos por bueno por algún motivo. Ese ya no llega a las tiendas ni sale de nuestros almacenes más que para devolvérselo al fabricante con la nota correspondiente. Entiendo que esto mismo deben hacer todos los vendedores que se dedican a este negocio.

El jamón deshuesado suele tener como cliente principal al sector de la restauración: restaurantes, hoteles, bares y empresas de catering. Las medias piezas deshuesadas, por ejemplo, son muy prácticas para hacer bocadillos, pues facilitan la elaboración: es más rápida y se aprovecha más la pieza. De hecho, las empresas de *catering* compran muchas piezas enteras y medias piezas. Tenemos un cliente internacional, por ejemplo, al que vendemos cada año casi mil piezas de jamón de bellota sin hueso. Con esto, más que alardear de nuestra capacidad comercial, lo que te quiero decir es que si decides comprar una pieza o una media pieza la calidad será la misma. No por el hecho de que esté deshuesado la calidad disminuye.

En el súper también puedes encontrar piezas de jamón deshuesado que se venden a peso. Puedes comprarlas con la tranquilidad de que el hecho de no tener hueso no quiere decir que sean peores, ahora bien, plantéate qué será más cómodo para ti. Si no dispones de una máquina para cortar, te aconsejo que compres mejor una paletilla entera o simplemente sobres con la cantidad que vayas a consumir cada semana. Porque el jamón, una vez deshuesado, aguanta menos que la pieza entera (el hueso ayuda a conservar), y si sois pocos en casa puede que no te convenga tener una pieza entera. No la disfrutarás tanto (el corte siempre es un placer ritual, como te comentaba) y hay más posibilidades de que se te acabe estropeando.

En España hay una particularidad que me gusta explicar y que forma parte de nuestra pecualiar forma de ser. Hay personas, la mayoría de edad avanzada, que tienen su navaja de toda la vida y que todavía la usan en la cocina. Estas personas son muy aficionadas a comprar piezas de jamón deshuesado que luego convierten en taquitos o que cortan como mejor les parece con su "cuchillo" preferido, la navaja.

Lonchas, tacos, virutas, etcétera

Hablemos ahora del "formato". Para empezar, te diré que en esto del jamón, aunque hay asuntos objetivables, no hay dogmas. Cada uno puede disfrutarlo como le parezca. Lo importante es que lo disfrute. Por tanto, todo lo que te explico en este libro es sencillamente para ayudarte a apreciarlo y saborearlo mejor. Si te digo que es un crimen, por ejemplo, saborear un jamón ibérico de bellota con una Coca-Cola no es porque tenga nada contra la famosa bebida norteamericana, sino porque le matas el gusto al pobre jamón y no puedes saborearlo. Y los señores y señoras que se han encargado durante años de cuidarlo, incluso el cerdo que ha dado sus carnes a la causa, merecen un poco de respeto.

Pero me estoy desviando. El tema es el formato: ¿es mejor comer lonchas gruesas, lonchas finas, tacos, virutas? La respuesta es: como más te guste. Ahora bien, lo cierto es que cuanto más grueso es el trozo que te llevas a la boca, más difícil te resultará distinguir su sabor y sus matices. Por este motivo la loncha suele ser el corte más recomendable, especialmente cuando hablamos del jamón ibérico, que tiene grasa infiltrada. La grasa de una loncha fina, casi translúcida, de buen jamón ibérico de bellota se funde al entrar en contacto con el paladar debido a la temperatura de la boca. Eso no pasa con un taco. Está también sabroso, cómo no, pero tienes que masticarlo un buen rato, y eso ya le quita parte de la gracia.

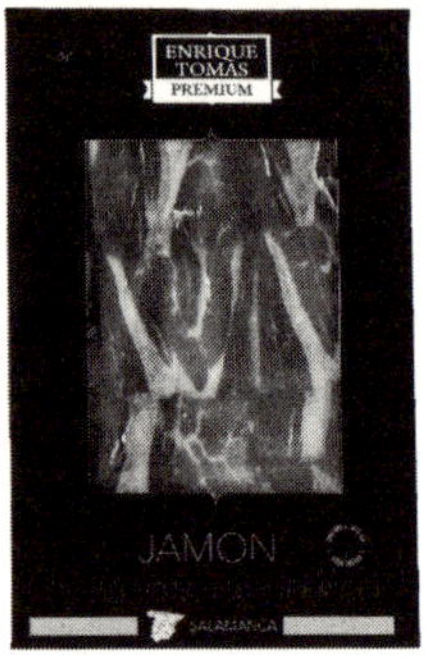

La loncha debe ser fina y de un tamaño no muy grande, que se pueda comer de un bocado. Lo ideal, sobre todo si el jamón es ibérico, es una loncha en la que se aprecie el veteado de la grasa infiltrada en la carne y un pequeño ribete de la grasa que bordea la carne. Si las lonchas son uniformes en cuanto a tamaño, mejor, pues la presentación en el plato quedará más armónica.

CONSEJO

Mi recomendación (e, insisto, es una recomendación, luego haz lo que quieras) es que la parte de la maza, la contramaza y la babilla la comas en lonchas, tanto si te cortan el jamón en la tienda como si lo cortas tú en casa. Si pides al cortador que te haga tacos de esas zonas, probablemente te dirá lo mismo que yo: estarán buenos si el jamón es bueno, pero lo disfrutarás mejor en lonchas.

En nuestras tiendas, los tacos provienen, sobre todo, de la parte más próxima al hueso, el codillo y la caña, pues de ahí ya no se pueden sacar lonchas mínimamente presentables. El tamaño puede variar: pequeños, medianos, supertacos... A gusto del consumidor.

Son un buen acompañamiento para salteados o purés de verduras, platos de pasta, rellenos e incluso guisos de legumbres, y aportan un sabor extraordinario a cualquier preparación, como veremos en más detalle cuando hablemos del jamón en la gastronomía.

Las virutas son parecidas a los tacos pero más finas y de forma más irregular. Pueden contener, además de la carne, un poco de tocino, lo que les aporta un sabor extra y las hace más melosas. También se obtienen de las zonas que ya no pueden lonchearse más y permiten aprovechar al máximo el jamón. Se pueden cortar a mano o a máquina, pero como ya no es un corte tan exquisito no importa si se hace a máquina. Sirven también para aderezar platos (cremas de verduras, lentejas o huevos fritos, por ejemplo) y son extraordinarias para bocadillos. También van bien como acompañamiento en ensaladas, ya sea en crudo o tostándolas un poco para hacerlas más crujientes.

Una presentación menos habitual pero cada vez más presente en la gastronomía es el "polvo de jamón" o "sal de jamón", que no es otra cosa que virutas o migas muy pequeñas que se tuestan y se utilizan para realzar el sabor de los platos. Por ejemplo, para dar un toque moderno al salmorejo, ese maravilloso plato cordobés.

El envasado

Lo que te explicaré a continuación se podría resumir en una frase: cuando vas a la tienda a comprar, el jamón debe estar envasado de manera que se vea lo que hay dentro.

Actualmente la mayor parte del jamón se vende en lonchas y en sobres de plástico. Como te he advertido anteriormente, si las lonchas tienen una forma geométrica poco menos que perfecta, o si tienen forma de bocadillo, desconfía. Algunos productores se dedican a coger jamones que todavía no están del todo curados, los deshuesan, juntan varias piezas y las "moldean" (o sea, las meten a presión en un molde), las congelan y luego las cortan en grandes máquinas para que queden todas igualitas. Esto, a mi modo de ver, es poco menos que una aberración, ya que al pecado de unir a presión unas piezas con otras se añade el de congelar el jamón... *Vade retro*! NUNCA hay que congelar el jamón, ni para cortarlo mejor a máquina ni para conservarlo más tiempo ni para nada. No puedes tener un jamón tres años curándose en una bodega con un maestro artesano pendiente de todos los procesos para luego meterlo en un congelador. Te lo podrás comer, no hay duda, pero ni tendrá el mismo sabor ni se conservará igual de bien.

ADVERTENCIA

No sé si lo he dejado suficientemente claro, pero por si acaso lo repito: ¡EL JAMÓN NO SE CONGELA!

Volvamos al tema del envasado. Si compras el jamón en el súper, intenta evitar también el jamón envasado que tenga una caducidad muy larga, de cuatro meses o más. No es tan importante que el *packaging* sea atractivo (aunque no está de más, a todos nos gustan las cosas bonitas), como que el producto que contiene conserve al máximo sus propiedades. Fíjate bien en la etiqueta para saber qué clase de jamón estás comprando y qué conservantes se le han añadido. Cuanto menos cosas lleve, además de carne de cerdo curada, mejor. Y, sobre todo, que se vea lo que hay dentro.

Nunca compraría un sobre de jamón en el que me lo taparan y me pusieran una foto maravillosa de un jamón ideal (que seguro que no se parece en nada al que hay dentro) junto a un logotipo de diseño impecable. No digo que no haya que cuidar la imagen, ni que sea baladí el nombre del fabricante y su imagen, pero lo más importante es la imagen del jamón, del producto en sí. En un supermercado, a diferencia de una tienda especializada, no puedes probarlo ni preguntar al experto en plaza sobre las propiedades de ese jamón en concreto, así que con más motivo tienes que poder verlo.

Además de exhibir el producto, el envase tiene que informar al cliente de aspectos importantes a tener en cuenta, como el tipo, la procedencia, si se ha cortado a cuchillo o no, etc. Idealmente, tendría que hacerse como con el vino: detallar el tipo de cerdo del que proviene, la alimentación que ha recibido, el tiempo de curación, etc. E incluso una nota de cata. Por desgracia, esto no es muy habitual, pero el sector debe tender hacia aquí, pues el consumidor cada día está más informado y es más exigente, y me parece fantástico que lo sea.

Al final, el envase debe servir para mostrar, no para esconder. Para ensalzar, no para engañar. No sé tú, pero yo cuando me siento engañado pongo una cruz a un sitio o una marca y nunca más.

El envasado puede variar en función de cuánto tiempo vaya a estar el jamón en él. Veamos tres casos:

1. **Envasar el jamón para comérselo el mismo día**

Supongamos que me has hecho caso y has ido a comprar a una tienda especializada. El dependiente te ha atendido con simpatía y profesionalidad y sales de allí con un paquetito de contenido delicioso. Si tu intención es saborearlo ese mismo día, no hace falta que toques el envoltorio que te habrá preparado el jamonero. Eso sí, procura que no pasen más de 12 horas entre el momento de la compra y el de la degustación. Si te lo vas a comer por la noche, lo idea sería que lo compraras por la tarde. Como ya te he comentado, la mejor manera de saborear el jamón es cortarlo y comerlo sin ni siquiera pasar por el plato, así que cuanto menos tiempo pase, mejor.

Cuando esto no sea posible, puedes comprarlo envasado al vacío y dejarlo en la nevera. Eso sí, sácalo un rato antes de la comida para que se atempere y coja la temperatura adecuada. Poco antes de empezar, abre el sobre, déjalo respirar unos instantes... ¡y a disfrutar!

CONSEJO

Un detalle importante: el jamón estará a la temperatura adecuada cuando empiece a "sudar". ¿Cómo sabes que está sudando? Sencillo: coges una loncha y la levantas. Si se separa del resto, está perfecta. Si levantas tres a la vez porque están todavía "pegadas", espera un poco más. Cuando suda, el aceite de una loncha y el de otra hace que se separen.

Recuerda siempre que el jamón no debe someterse a cambios bruscos de temperatura. Puedes guardarlo en la nevera (entre 0 y 5 grados) o sobre la encimera, pero no lo pongas al sol ni sobre una superficie caliente. Y ni se te ocurra hacer algo que he visto en alguna ocasión y que me ha erizado el vello: darle un toque de microondas para que "coja temperatura": Lo dicho: ni se te ocurra.

Ah, y muy importante: sirve en el plato solo lo que te vayas a comer ese día, pues cuando el jamón "suda", esa grasa ya no vuelve al jamón, se queda en el plato. Si vuelves a guardar el jamón en su envoltorio para otro día, ya no tendrá todo el mismo sabor.

2. **Envasar el jamón para guardarlo tres o cuatro días**

Si en el momento de comprarlo tu intención es consumirlo al cabo de tres días o cuatro días, pide que te lo envasen al vacío. Si lo dejas en el papel con que habitualmente el jamonero envuelve el producto, irá perdiendo cualidades. Lo ideal es cortar y envasar al vacío, así puedes guardarlo tres días o más sin problema. Estará prácticamente igual que en el momento de cortarlo.

Ten en cuenta que es preferible que el envasado al vacío no sea de cantidades elevadas de jamón. Si vas a llevarte 200 gramos o más, que te lo envasen en varios sobres. Así, si no te lo comes todo tendrás para otra ocasión.

3. **Envasar el jamón para guardarlo más días**

   En este caso no hay duda alguna: que te lo envasen al vacío (o compra directamente sobres que ya lo estén). El mayor enemigo del jamón es el oxígeno, responsable de que se oxiden los alimentos, así que de esta forma lo evitas. Luego guarda los sobres en un sitio fresco, sin luz directa y con una temperatura lo más constante posible. En nuestro caso, vendemos unas cajas metálicas del tamaño de una caja de zapatos que son ideales para esto: mantienen el jamón lejos de la luz y a una temperatura adecuada.

ADVERTENCIA

Procura, no obstante, que no pase ahí, ni en la nevera, más de tres o cuatro meses. A partir de ese momento te lo podrás comer y estará bueno, pero no lo disfrutarás tanto. E, insisto, **se trata de disfrutar y de rendir homenaje a una tradición milenaria y a un trabajo artesanal**. Es un delito malograr en un momento un trabajo de años y una sabiduría de siglos.

EN ESTE CAPÍTULO

¿Hay que conservar el jamón en la nevera o fuera?

Instrucciones precisas sobre cómo cortarlo

Consejos para aprovechar al máximo un jamón

Capítulo 11

Cuando el jamón llega a casa

Ya lo tengo en casa. ¿Y ahora qué?

Como comerciante y amante del jamón, no solo me siento responsable de que el producto que compres sea de la mejor calidad, sino también de lo que hagas con él una vez llegues a casa. Alguien podría decir que esto ya no es asunto mío, pero sí que lo es: si al final ese jamón no te da placer porque no lo conservas bien o no lo cortas adecuadamente, el principal perjudicado seré yo, y por extensión el producto que defiendo.

¿Qué hay que hacer cuando el jamón llega a casa, ya sea entero, en lonchas, en tacos, en una pieza entera deshuesada o como sea? ¿Dónde hay que ponerlo, dónde hay que guardarlo? Y si lo he comprado entero, ¿cómo tengo que cortarlo? ¿Cómo lo protejo para que no se oxide? ¿Cuánto me puede durar? Estas y otras preguntas sobre cómo tratar el jamón una vez lo tienes en casa son las que trataré de responder en este capítulo.

CONSEJO

Para empezar, insistiré en una recomendación que te vengo haciendo desde hace muchas páginas: compra en una tienda especializada y pregunta tus dudas al tendero responsable, pues si las cosas son como deberían ser, seguro que se trata de un apóstol entregado a la causa del jamón y te informará adecuadamente. Plantéale todas tus dudas, en especial cuando compres una pata entera, que requiere de atenciones especiales. Para disfrutarla, tendrás que continuar con la labor de todos aquellos que la cuidaron hasta llegar a ti y tratarla adecuadamente. Ya no solo por respeto hacia el producto, sino hacia ti y tu sensibilidad de *gourmet*.

En mi caso, cuando alguien me compra una pieza entera asumo cierto papel "evangelizador" y me pongo a la disposición del comprador. No solo eso: le explico cómo debe tenerlo correctamente en casa y qué pasos debe seguir y tener en cuenta. Más aún: se lo empiezo para que vea cómo hacerlo y le explico cómo seguir a partir de ahí y cuándo debe darle la vuelta, e incluso le muestro varias piezas a medio cortar de la tienda para que vea y recuerde las diferentes situaciones en que se encontrará. Si le hace ilusión empezarlo y no quiere que lo haga yo, le marco el lugar exacto por donde tendrá que empezar a cortar una vez en casa, así me aseguro de que no se equivoca. También le explico, claro está, cómo cortarlo, y si es neófito/a en la materia incluso le regalo un cuchillo jamonero. Es, en definitiva, una minidemostración que gusta mucho, pues como te he explicado anteriormente tiene algo de ritual, y eso a los humanos nos atrae desde el inicio de los tiempos.

Debo decirte que todo esto lo hago por convicción, pero también por puro egoísmo. Porque, ¿qué crees que pasará a la larga si la persona no tiene ni idea y se lleva una pierna entera creyendo que se lo pasará en grande y luego no sabe qué hacer con ella? Pues que no disfrutará, o peor, que se cortará y acabará cogiéndole manía a esa pata enorme que le ocupa mucho sitio en la cocina y que no ha respondido a sus expectativas. Y, claro, no repetirá. Por eso siempre es mejor que te lo empiecen en la tienda, al menos la primera vez, y que te den unas indicaciones básicas sobre cómo seguir después. Así, además, puedes probarlo y cerciorarte de que realmente es lo que quieres. Si después decides repetir o no, ya es cosa tuya. Como vendedor ya habré cumplido con mi deber.

La jamonera

Pero volvamos al tema: llegas a casa con tu tesoro, lo desenvuelves y lo pones en la jamonera (o soporte jamonero), que previamente ya tendrás o habrás comprado. Las hay de diferentes diseños y tamaños, algunos muy sencillos y otros más sofisticados. Te muestro estas tres para que te hagas una idea.

La función es exactamente la misma, así que elige en función de tus gustos y tu presupuesto. Te aconsejo que de entrada no te vengas arriba y compres la más cara. Comprueba primero si esto de ir cortando jamón te divierte.

Por tanto, ya tenemos el jamón y la jamonera. Ahora hay que "unirlos", pues la función de la jamonera no es otra que fijar el jamón para que no se mueva y podamos cortarlo adecuada y cómodamente. Para eso tiene un sistema de fijación en forma de clavo o tornillo en cada extremo: en la parte de la caña o la pata y en la parte de la punta.

ADVERTENCIA

Un primer dato importante a tener en cuenta es si has comprado un jamón o una paletilla. En el caso del jamón, colócalo en la jamonera con la pezuña para abajo; si es una paletilla, al revés, con la pezuña mirando al techo (o sea, como en la ilustración anterior). De esta manera, empezarás a comértelo por la parte más seca, la más curada, que suele ser la más estrecha. La curación, te lo recuerdo, es una cuestión de tiempo y de tamaño: un jamón de 5 kilos se cura antes que uno de 8, y las partes estrechas se curan antes que las partes anchas. Así que, para que te aguante mejor en casa, empiézalo siempre por la parte más curada, que en circunstancias normales es la más estrecha. En las tiendas, por norma general, los empezamos por la parte ancha, pero eso es porque el jamón no suele durar abierto más de 48 horas y no da tiempo a que se seque.

Cuando acabes con esta parte más seca del jamón, le das la vuelta y sigues con la opuesta, la más carnosa, que al estar más protegida por la grasa tarda más en curarse. Ten en cuenta que la carne sigue curándose mientras está en contacto con el hueso, tanto si el jamón está colgado en la tienda como si está fijado en el soporte jamonero de tu casa.

También es importante que te asegures de que el jamón queda firmemente fijado en la jamonera para que no resbale y tengas un accidente. Y, por supuesto, de que esté recto, o sea, así:

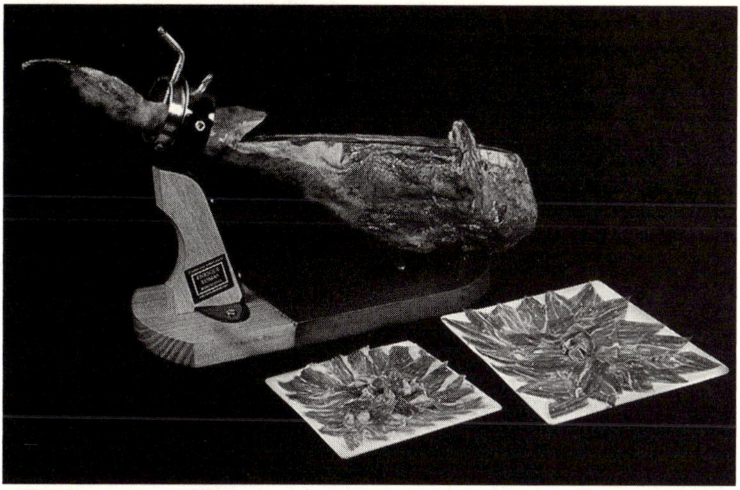

INFORMACIÓN TÉCNICA

Si el jamón no está recto, el corte no sale como debería. Las lonchas pueden salir con menos o con más grasa de la que deberían tener. Acertar con la cantidad de grasa justa es una de las cosas más difíciles. Al principio, cuando empiezas el jamón, tienes que quitar una primera capa, pero procura que sea fina, que no se lleve toda la grasa, pues es la protección natural de la carne. Hay que ir quitándola progresivamente, en capas finas mejor que gruesas.

Dicho todo esto, ahora voy a contradecirme: si te hace más feliz empezar el jamón por la parte menos curada en vez de por la parte más seca, adelante. Si en casa hay varias personas y a cada una le gusta de una parte y queréis empezarlo por varios sitios a la vez, adelante. Si en vez de cortarlo fino prefieres un corte más grueso porque te gusta más, ¡adelante! Yo te explico la ortodoxia para que tengáis conocimiento de causa, pero no soy fundamentalista. La religión del jamón, como yo la entiendo, es la religión del placer. Lo importante no son las normas, sino que dé placer. Y como sacerdote experimentado, sé que para que el amor al jamón se extienda lo mejor es huir de extremismos y de "esto es así y punto". Que cada uno lo empiece por donde más le guste y lo corte como le apetezca, siempre y cuando eso le haga feliz y le dé ganas de seguir disfrutando.

HERRAMIENTAS PARA CORTAR

INFORMACIÓN TÉCNICA

Ya te he hablado de la jamonera, o sea, del soporte. También necesitamos, obviamente, un cuchillo. O, mejor, un juego de cuchillos. Vamos a ver cómo son.

Es importante que las herramientas sean las adecuadas. Si no dispones de ellas, no empieces el jamón, porque lo estropearás. A mis clientes primerizos les insisto mucho en ello antes de venderles una pata entera. Y, ante la duda, les regalo un cuchillo jamonero. Es un regalo para ellos, pero también un regalo interesado.

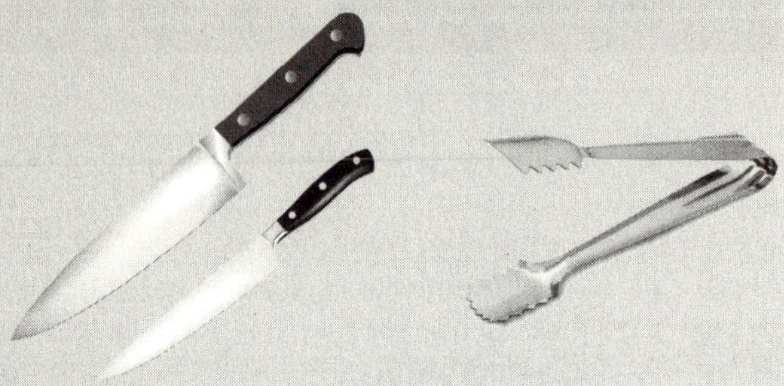

El cuchillo jamonero es, como ya te he apuntado, delgado y largo. Este es específico para el jamón. Los otros se pueden sustituir por alguno parecido, pero el jamonero es especial y está pensado justo para cortar el jamón en lonchas. Su aspecto diferencial es su hoja: larga, estrecha y flexible para poder cortar con precisión y acomodarse al perfil del jamón.

Para realizar el primer corte, el que nos permite quitar la corteza inicial, es mejor usar un cuchillo de hoja más ancha, pues el corte tiene que ser profundo. No hace falta que sea un cuchillo específico, seguro que en la cocina tienes alguno que te servirá.

La puntilla es un cuchillo de hoja estrecha y corta, acabado en punta para poder insertarlo entre la carne y el hueso y separarlos, ya sea para que las lonchas nos queden bien o para hacer tacos y virutas. No necesariamente tiene que ser un cuchillo para el corte del jamón, pero sí debe tener estas características.

(continúa)

(continuación)

Los tres cuchillos, huelga decirlo, tienen que estar siempre bien afilados, en especial el jamonero, de lo contrario no penetrará bien en la carne y no podrás hacer las lonchas finas y regulares. Por eso necesitas también un afilador, que te recomiendo usar siempre que empieces a cortar. Además, debes llevar el cuchillo de vez en cuando a un afilador profesional, si no dejará de cortar.

Por último, si quieres ir para nota, no está de más que tengas entre tu instrumental unas pinzas para coger cada loncha y depositarla en el plato (o entregársela directamente al comensal). No es grave que lo cojas con la mano siempre y cuando cumplas con las normas de higiene correspondientes (manos bien lavadas y guantes), pero cuando la loncha se aprisiona entre los dedos puede perder algo de su preciada grasa, lo que en parte se evita con las pinzas y un poco de destreza.

El gran tema: cómo hay que cortarlo

Esta es una gran cuestión. Hay mucha ciencia detrás de un buen corte. Incluso se celebran campeonatos en España y hay expertos muy cotizados que cobran un dineral por asistir a un evento y "actuar". Quizás es una exageración, pero si los japoneses tienen maestros cortadores de pescado para el *sushi* que son casi venerados, ¿por qué no podemos tener los españoles maestros cortadores de jamón?

En cualquier caso, este no es un libro para expertos ni pretendo que te presentes a ningún concurso, sino tan solo que lo hagas lo mejor posible para que tengas una buena experiencia. Así que trataré de resumirte lo más importante. Y lo haré, para que te resulte más fácil, a partir del siguiente dibujo, donde se detallan los cuatro pasos principales:

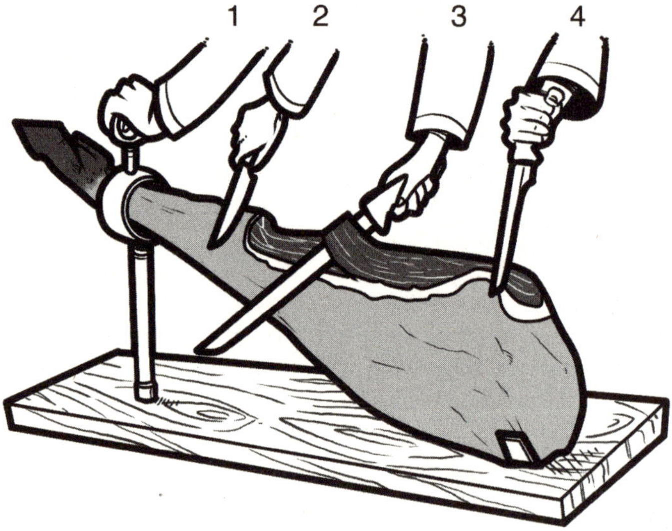

1. Es muy importante, antes de empezar a cortar, que la pata quede bien falcada para que no se mueva. No solo para que no te cortes, sino para que el corte de cada loncha sea uniforme. Si luego te tiembla el pulso es otra cosa, pero al menos que el jamón no se mueva.
2. Haz un corte transversal y profundo a la altura del jarrete, a unos 2 cm del codillo. Este corte sirve para quitar mejor la corteza. Se debe realizar con un cuchillo de hoja corta pero recia, no con el cuchillo jamonero, que es de hoja larga y delgada.
3. Supongamos que empiezas con una paletilla y que has colocado la pezuña hacia arriba, como en el dibujo. Una vez realizado el corte transversal, empezarás por la parte de la maza. Primero tienes que quitar las capas de rancio y la grasa hasta encontrar el jamón, dejando un dedo de grasa a los lados, más o menos. A partir de ahí puedes empezar a cortar lonchas con el cuchillo jamonero. Realiza un corte lo mas horizontal posible, con lonchas no muy largas, de unos 3 cm, para que se puedan llevar enteras a la boca. Haz siempre un corte de inicio a fin, empezando en la zona mas cercana a la pezuña y terminando en la zona mas cercana a ti. De esta forma evitarás la temida "barca", que sale cuando realizas todos los cortes en una zona muy pequeña del jamón y el resto lo dejas sin cortar.

La mano que no tiene el cuchillo se debe situar siempre detrás del mismo para evitar cortarse. Cuando ya eres experto te puedes permitir colocar las manos de otra manera, pero al principio te aconsejo que no te arriesgues. Observa la siguiente imagen.

4. Cuando llegues al hueso coxal, necesitarás otra herramienta, la puntilla, para despegar el jamón del hueso. Esto facilitará que las lonchas salgan con facilidad. Cuando aparezca totalmente el fémur, será la hora de dar la vuelta al jamón y empezar por la zona de la babilla o contramaza. Lo puedes ver mejor en los siguientes dibujos:

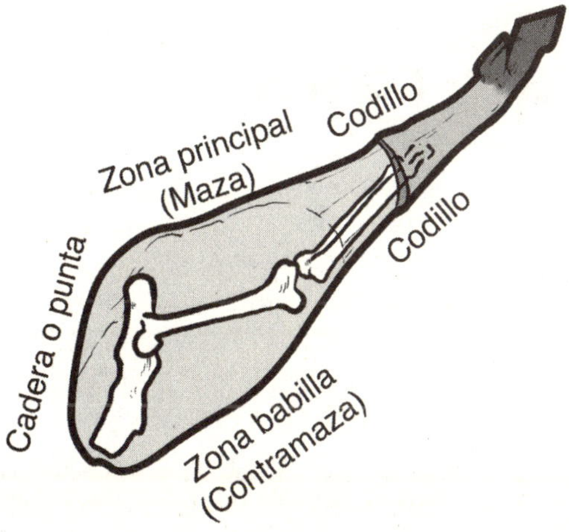

En la babilla el corte no se puede hacer tan en horizontal, sino más bien inclinado. El motivo es seguir la dirección del fémur y no tropezar continuamente con él. Por lo demás, se corta igual, de inicio a fin, empezando en la parte más cercana a la pezuña y terminando en la zona más cercana a ti. Cuando estés cerca del fémur deberás pasar a la tercera zona de corte, la cadera o punta.

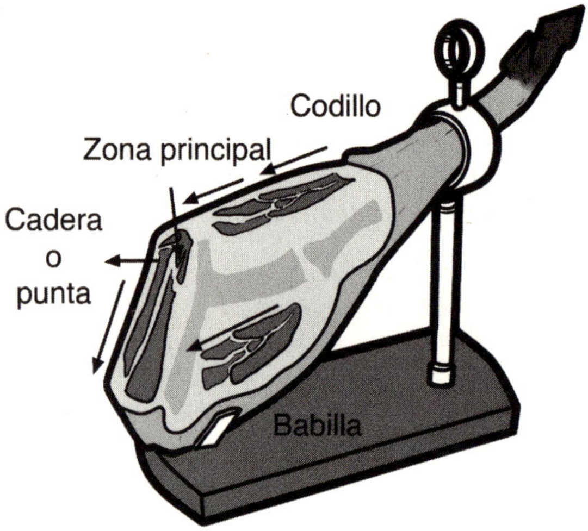

No seas excesivamente autoexigente con la finura de la loncha, pues es obvio que no te va a salir igual de bien que al tendero. Pero practica un poco cada día y verás como poco a poco te resulta fácil y te salen lonchas más uniformes.

Cortar y comer

Como te apuntaba en un capítulo anterior, nada supera al "cortar y comer". Del jamón a la boca, sin transición, sin intermediarios, sin merma de sabor ni aroma, sin que se quede en el plato ni un miligramo de sus aceites naturales. Llevo toda mi vida comiendo jamón y todavía se me hace la boca agua cuando pienso en esto: el jamón presidiendo la mesa, yo cortando y repartiendo.... Y ya se sabe: el que parte y reparte, ¡se lleva la mejor parte!

El caso es que no siempre es posible hacerlo así, ya sea por una cuestión estética (una pata de cerdo encima de la mesa no es del gusto de todo el mundo), protocolaria (mejor estar todos sentados cuando se empieza a comer) o simplemente de costumbres particulares de cada uno y cada una. En este caso, hay que cortar el jamón antes y servirlo en un plato. Y eso tiene también su procedimiento. En ese momento se plantean preguntas como, por ejemplo, ¿cuánto tiempo ha de pasar entre que corto el jamón y nos lo comemos? La respuesta te la puedes imaginar: ¡el menor posible!

Otra pregunta: ¿mejor un plato de cerámica, de cristal o de metal? Respuesta: el que menos aceite le "robe" a las lonchas. Lo que no hay que hacer nunca es dejarlo sobre una superficie secante como una servilleta de papel o algo parecido, pues hará de esponja y "chupará" los aceites naturales, que son justamente los que potencian su sabor. Nada de papel absorbente, ni blondas de papel para que se vea más bonito. Un plato de jamón recién cortado es ya de por sí un espectáculo de una belleza incomparable.

En relación con esto, haz un esfuerzo para presentarlo con la máxima gracia posible, intentando que "entre por los ojos", o sea, que la experiencia visual forme parte del placer de degustarlo. Lo mismo sirve si has comprado un sobre y lo abres poco antes de la comida: coloca las lonchas de una manera graciosa, armónica, agradable a la vista. Si tienes invitados, cuéntales que lo has comprado hoy, que te lo han cortado a mano (o que lo has cortado tú mismo/a, si tienes una pata entera), que has ido a tal tienda porque crees que es mejor por tal cosa, que se trata de un jamón de tal tipo y de tal procedencia, etc. Es decir, antes de que lo prueben despierta su interés y prepara su paladar, crea un ambiente, pues como vengo diciéndote a lo largo de todo el libro, el jamón no es solo alimento, también es emoción.

¿Cuánto dura?

Más preguntas: ¿cuánto puede durar un jamón una vez abierto?

Si el jamón está en su punto óptimo (y así debe ser si te lo han vendido en una tienda profesional), el día que lo abres es el mejor día para comerlo. Es el día D. A partir del día siguiente empieza a no estar tan bueno. No está malo, por supuesto, probablemente ni notes la diferencia, pero ya no es exactamente lo mismo. Y cada día que pasa, un poquito peor... Si no te lo comes dentro de unos márgenes razonables, al final se estropea. Ahora bien, ¿cuáles son esos márgenes? Dependerá del tipo de jamón, de su curación y de la temperatura ambiente, pero te daré una estimación. En verano, un jamón de 7 kilos que se mantiene a temperatura ambiente y que está bien protegido (con un trapo de algodón) puede durar en buen estado de revista unos 16 días, no más. En invierno un poco más, unas tres semanas. Una paletilla de 4,5 kg, para que te hagas una idea, estará bien para el consumo durante unos 10 días en verano y unos 15 días en invierno.

No hace falta que lo tengas en un sitio con un microclima especial, pero sí procura que no le dé mucho el aire ni que tenga una fuente de calor cerca (un radiador en invierno, el sol directo en verano, los fogones o el horno si lo tienes en la cocina, etc.). Las fuentes de calor, cuanto más lejos mejor. Si el lugar es seco, mejor que húmedo. Un clima húmedo en verano, como el de Barcelona, por ejemplo, no ayuda a que se conserve una vez abierto.

ADVERTENCIA

Ah, muy importante: cada día, o como mucho cada dos, tienes que cortar un poco. El corte tiene que estar vivo. Si tienes previsto irte de viaje, no compres una pieza entera, compra sobres con lonchas. El jamón, una vez expuesto al aire, hay que guardarlo el mínimo tiempo posible. Donde mejor se conserva es en tu estómago.

Una vez cortado y emplatado, no metas el jamón en la nevera, ni siquiera tapado con papel film transparente. Déjalo fuera, a temperatura ambiente. Eso sí, si tienes una cena, no lo cortes dos horas antes, espérate al último momento. Y si no tienes más remedio que cortarlo antes, guárdalo en la nevera, pero sácalo un rato antes de comerlo para que se atempere. Lo que no debes hacer, bajo ningún concepto (y lo he visto en algún restaurante) es calentar el plato para que el jamón brille y suelte grasa.

SECO O TIERNO

Más preguntas: ¿cómo es mejor el jamón, seco o tierno? Respuesta: va a gustos. Lo importante es que no esté duro. No hay que confundir duro con curado. Un jamón de 6 meses puede estar duro y no curado, igual que un jamón de 48 meses puede estar curado y no duro. "Curado" significa que ya está hecho. Duro o blando ya va al gusto de cada uno.

"Y como sobre gustos no hay disputas", como dice el refrán, en nuestras tiendas ofrecemos dos tipos de taco: a uno le llamamos "Durito" y al otro "Blandito". Para que nadie se quede sin disfrutar del jamón.

Cuando solo queda el hueso

Cuando ya has apurado todo lo que podías apurar del jamón, solo te queda el hueso. Pero, como te he dicho y te repito, del cerdo se aprovecha todo, y un hueso de jamón o paletilla, sobre todo si son ibéricos, es un gran ingrediente para muchos platos: caldo, fondos, potajes y todo tipo de guisos. Más adelante, cuando te hable del jamón en la gastronomía, te daré detalles de lo que puedes hacer con él. De momento, no se te ocurra tirarlo a la basura, pues enriquece los guisos y les aporta sabor y aroma.

Si no tienes las herramientas adecuadas en casa, pide a tu charcutero o charcutera de confianza que te corte el hueso del jamón o la paleta en pedazos de 8 o 10 centímetros de grosor y guárdalos en el congelador. Cada vez que cocines un caldo o un potaje, no olvides que los tienes ahí.

6

¿Crees que ya lo sabes todo sobre el jamón?

EN ESTA PARTE . . .

Veremos algunos datos de interés sobre dónde se produce el jamón ibérico, cuántos jamones se fabrican y se venden al año, etc. Porque las estadísticas también nos pueden ayudar a valorar la exclusividad del jamón ibérico.

Y como se trata de disfrutarlo plenamente, veremos cuál es su papel en la gastronomía. Lo habitual es consumirlo tal cual, como el *foie* o el salmón ahumado, pero no hay que cerrarse a las infinitas posibilidades que ofrece a nivel gastronómico, por ejemplo, en combinación con verduras, como complemento de algunos platos o, aunque parezca sencillo, como ingrediente principal de un buen bocadillo.

Y como el buen jamón no empacha, acabaremos con un cata para apreciar y valorar los diferentes tipos de jamón. Podrás quedar ante los amigos como un auténtico entendido organizando una cata en casa.

EN ESTE CAPÍTULO

Otros tipos de jamón que se producen en el mundo

Cómo envasarlo y etiquetarlo para llevártelo a otro país

Por qué unos jamones son más caros que otros

Capítulo 12

Algunos datos sobre su producción y consumo

Para dártelas de entendido

Después de tantas páginas hablando del jamón, ya sabes lo básico para conocerlo, elegirlo y disfrutarlo con conocimiento de causa. Puedes entrar en una tienda, identificar los diferentes tipos, escoger el que más te apetezca en ese momento, conservarlo bien en casa, cortarlo adecuadamente si se trata de una pata entera, etc. Ahora bien, ¿crees que ya lo sabes todo sobre el jamón? Te aseguro que no es así. Ni siquiera yo, que llevo más de tres décadas dedicado a este mundo lo sé todo.

En este capítulo y en el siguiente (13) voy a darte algunos datos curiosos sobre los diferentes tipos de jamón que se producen y consumen en el mundo, sobre cómo llevarte el jamón de viaje y sobre cómo escoger un jamón para regalar. También trataré de aclarar algunos falsos mitos o creencias sobre el jamón, extendidos sobre todo por España, donde casi todo el mundo cree saber de jamón y, sin embargo, pocas personas entienden realmente. Con esto podréis quedar la mar de bien en cualquier conversación que surja entre amigos o en familia. No serás un entendido, claro, pero empezarás a parecerlo.

Qué otros jamones hay en el mundo

RECUERDA

En el mundo hay diferentes jamones, además del jamón serrano y del jamón ibérico, que son, como te he explicado ya, los que se producen en España. Es importante no confundirlos. El más conocido, al menos en Europa, es el *prosciutto* italiano, pero hay otros. Hagamos un breve repaso.

Empecemos nuestro viaje por Portugal, país vecino que también forma parte de la península Ibérica. Las regiones portuguesas colindantes con las españolas que poseen dehesas también producen jamón ibérico. En el norte de Portugal se produce, por ejemplo, el jamón de Chaves, un jamón de pata blanca conocido y de tradición en la industria local. Su período de curación, maduración y envejecimiento es de 18-24 meses. También encontramos el jamón ibérico de Alentejo, de pata negra y con un peso un poco por debajo del jamón ibérico que se produce en España. Sus cerdos se alimentan también de bellotas en dehesas, muy cerca de los grandes centros elaboradores de jamón ibérico españoles. El tercer jamón luso que citaré es el ibérico de Barrancos, también de la zona de Alentejo, con denominación de origen protegida por la Unión Europea. Está considerado el mejor jamón de Portugal por la pureza de la raza del "cerdo alentejano" y por su alimentación en las dehesas de la zona.

Por su parte, nuestros vecinos del norte, los franceses, tambien preparan un jamón curado, conocido como *jambon cru*. El de Bayona es uno de los más populares. El proceso de curación es similar al del jamón serrano, pero incluye una fase de rebozado, en la que se envuelve la pieza con una mezcla de harina de maíz y grasa de cerdo. Se suele presentar sin pezuña. Su carne es entre rosa y rojo y la grasa es blanquecina y sin olor.

Saltemos ahora a Italia. El jamón también tiene allí una gran tradición. Proviene de cerdos grasos y blancos. Se llama *prosciutto* y se puede cocinar o servir curado, es decir, sin cocinar. Se elabora igualmente a partir de la pierna del cerdo y su proceso de fabricación puede durar entre 9 meses y 2 años, dependiendo del tamaño del jamón y de la variedad (existen muchas variedades dentro de su propio país). Parece ser que el mejor *prosciutto* se encuentra en la Toscana y Emilia, mientras que el más renombrado (y caro) procede de Parma, Fruili-Venezia Giulia y San Daniele. La variedad más refinada es el *culatello*, que se hace de los cerdos más grandes. Este excelente fiambre se elabora en la Baja Parmense, en particular en la zona de Zibello. Se obtiene de la parte musculosa de los miembros posteriores del cerdo, que se deshuesa y se envejece al menos durante 12 meses.

El *prosciutto* se come de forma generalizada en sándwiches y *paninis*, además de en ensaladas con albahaca, tomate y mozzarella. Se emplea también como acompañamiento de platos de verduras, como relleno de otras carnes e incluso formando parte de algunas salsas para la pasta.

También se produce jamón en Hungría. Se obtiene de cerdos de la raza Mangalica, que le dan también nombre al jamón. Se trata de una raza autóctona húngara cuyos orígenes se remontan al cruce de las razas del tronco mediterráneo (entre las que está el cerdo ibérico) y las razas semisalvajes de los Cárpatos. Para conseguir una proporción mayor de grasa infiltrada también realizan cruces con la raza Duroc, como en España con el ibérico. Esto le permite un proceso de curación más largo. El resultado es un jamón jugoso, con una grasa cremosa y sabor y olor intensos. Los cerdos Mangalica tienen, entre otros rasgos distintivos, un pelo muy grueso y largo que parece lana en invierno, pero que en primavera cambia hasta convertirse en unas cerdas claras, brillantes y ensortijadas. Esta raza ha pasado por varias etapas e incluso ha estado al borde de la extinción. Por sus características genéticas, su alimentación y el clima de la zona de crianza da lugar a un jamón con un sabor muy especial y distintivo.

Nuestro pequeño viaje nos lleva ahora hasta Alemania. El jamón Schinken cuenta con tres variedades: el de la Selva Negra (*Schwarzwälder Schinken*), el de Ammerland y el de Westfalia (de aspecto similar al jamón de York). Es uno de los jamones ahumados más conocidos. Se trata con humo de diferentes maderas y presenta un característico aroma y sabor, resultado de su particular proceso de curación. Es un jamón sin hueso y uno de sus secretos es la mezcla de especias (las básicas son sal, pimienta, cilantro, ajo y bayas de enebro). Cada jamón se frota a mano con sal y especias. A pesar de que cada fabricante tiene su propia receta para darle al producto un toque único, todos tienen en común un aroma similar.

Existen otras procedencias: Rumanía (*şuncă*), Croacia (*pršut*) e incluso China (el de Jinhua) y Palestina (Talhami). O sea, que la tradición jamonera es extensa y variada en el mundo. Pero, aun a riesgo de repetirme, te diré que el ibérico, y en especial el de bellota, es inigualable. Por supuesto, lo ideal es probarlos y, al final, elegir los que más te gusten, pero sabiendo qué estás comprando y comiendo. Para eso, fíjate bien en la etiqueta, pues el aspecto a veces es parecido. Cada jamón tiene que estar suficientemente bien etiquetado para que el consumidor sepa en cada caso el tipo y la procedencia.

EL JAMÓN DE YORK

Un caso aparte es el jamón de York, que aunque reciba el nombre de jamón es una cosa completamente diferente. Hay que ir con cuidado, pues en algunos países latinoamericanos (Argentina, Bolivia, Venezuela, México, Colombia, Chile, Ecuador y Brasil) cuando se habla de "jamón" a secas se refieren al jamón de York. La principal diferencia con respecto al jamón serrano y al ibérico es que no está curado, sino cocido.

El jamón de York se llama así porque en su origen se producía en la ciudad británica del mismo nombre, aunque hoy día se produce en muchos lugares del mundo y de muchas maneras. En ocasiones no proviene solo de la pata del cerdo, sino de otras partes menos nobles del animal. Es por eso que opino que debería dejar de llamarse jamón, pero lo cierto es que es difícil cambiar esto, pues el uso está muy extendido.

¿Cuántos jamones se producen al año en España?

En el capítulo 4 te explicaba que en España se pueden engordar, en un año de producción normal de bellotas, unos 700.000 cerdos al año. La actividad de las dehesas está controlada, y el número aproximado de árboles que tienen también, con lo que la cifra no puede crecer mucho. Esto supone alrededor 1,4 millones de jamones y otras tantas paletillas. Por lo tanto, en cifras absolutas, la capacidad de producción de jamón de bellota es de 2,8 millones de piezas. Es imposible que haya más. Jamón ibérico de cebo de campo o de cebo de granja puede haber más, pero de bellota no. Eso, y su sofisticado proceso de elaboración, lo convierte, como es lógico, en un producto caro y codiciado, pero al alcance de la mayoría cuando se trata de una ocasión especial.

INFORMACIÓN TÉCNICA

En cuanto al jamón ibérico, en general, ha logrado hacerse un hueco y un nombre propio en supermercados y tiendas especializadas de toda Europa y cada año se exporta más. En el primer trimestre de 2015, por ejemplo, se exportó un 25 % más de jamón que en el mismo período de 2014 (pasando de 15.000 a 20.000 toneladas), según datos de la Oficina de Exportación de la Carne de España (OECE). El 80 % de las exportaciones, aproximadamente, es a otros países de la Unión Europea. Los de mayor demanda son Alemania, Francia, Italia y Portugal, curiosamente países donde se producen otras variedades de jamón, como hemos visto. Deduzco, aunque esto es cosecha propia, que eso se debe a que ya existe cierta cultura de comer jamón, y los consumidores gustan de ir variando y de conocer los diferentes tipos.

También otros países fuera de la UE muestran aprecio por el jamón español. Hablamos de México, Estados Unidos, Australia y Japón, entre otros. Estos son actualmente algunos de los principales mercados de los productores españoles, que ya hace tiempo que se han dado cuenta de la importancia de abrirse al mundo, aunque no siempre actúan de forma corporativa. Lo que todos tenemos claro, productores y comerciantes, es que nuestro producto es muy competitivo y tenemos que ofrecerlo acompañado de las explicaciones correspondientes para que se pueda valorar y degustar convenientemente.

Como el mundo es, cada día más, un pañuelo, muchos españoles que viven en el extranjero se han erigido en verdaderos embajadores *motu propio* de nuestro preciado jamón. Así, además de compartirlo con amigos y darlo a conocer en su entorno, en algunos países han empezado a organizar, en colaboración con algunas entidades o por su cuenta, lo que llaman las "semanas españolas", una moda que se está extendiendo rápidamente. Su labor es maravillosa, pues no hay mejor manera de dar a conocer el jamón en el mundo que transmitir la pasión que sentimos por el producto. Es como mejor se llega a los demás: con pasión y convicción. Creyéndotelo. Los franceses lo han hecho con su cocina, los italianos con sus pizzas y su pasta, los norteamericanos con sus hamburguesas. Y los españoles con el jamón.

El jamón también viaja

Normativas sobre el envío de jamón

Ya sea por los españoles que viajan al extranjero o por los extranjeros que viajan a España, lo cierto es que el jamón cada vez viaja más por el mundo. En algunas fechas señaladas, especialmente Navidad, muchos aprovechan para visitar a sus familiares, compartir y celebrar, y eso a menudo supone viajar a otros países. ¿Es posible en ese caso llevarse un jamón o una paletilla en la maleta? ¿A cualquier país o solo a algunos? ¿Hay que notificarlo, hacer algún trámite especial? ¿Se puede estropear durante el viaje? ¿Cómo hay que empaquetarlo? ¿Hay alguna cantidad límite? ¿Si lo encargo por internet me llegará sin problemas? Estas y otras preguntas similares son las que trataré de responderte en este capítulo.

Supongamos que viajas desde España a otro país de la Unión Europea. En este caso, existen una serie de normativas que todos los productores de alimentos tienen que cumplir, y, por supuesto, también los del sector del jamón. Si el producto está a la venta en un establecimiento legalmente constituido quiere decir que las cumple.

RECUERDA

Por tanto, si viajas con destino a un país de la UE, en avión o en cualquier otro medio de transporte, no hay problema: puedes llevar un jamón entero o una maleta llena de sobres de jamón convenientemente envasados al vacío. Si te desplazas por carretera, incluso puedes llenar el maletero de jamones para que no te falten ni a ti ni a tus amigos, es decir, para consumo propio. Eso sí, si quieres revenderlos es otro asunto: necesitarás una licencia de comerciante y los permisos correspondientes. Pero eso es otra historia...

Si vas en avión, puedes llevar jamón tanto en el equipaje facturado como en la maleta de mano. Ya ves que no es tan difícil transportar tu jamón preferido o llevárselo a alguien a modo de *souvenir*. Te aseguro que te lo agradecerá más que si le llevas un cenicero de plástico con un toro serigrafiado. Además, un sobre de jamón ibérico seguro que es *made in Spain*...

ADVERTENCIA

Si viajas fuera de la Unión Europea la cosa se complica, porque cada país tiene una normativa diferente. Lo mejor es informarte previamente en la página web de la embajada de ese país, ya que se dan situaciones muy diversas: que puedas sin problemas, que puedas con reservas, que no puedas, que puedas con determinadas condiciones, etcétera.

Si prefieres encargarlo por internet, cada vendedor te dirá dónde puede enviártelo y dónde no. En nuestro caso, esta es la lista de países donde podemos enviarlo, la mayoría pertenecientes a la UE: Alemania, Austria, Bélgica, Bosnia-Herzegovina, Bulgaria, Croacia, Dinamarca, Eslovaquia, Eslovenia, Estonia, Finlandia, Francia, Grecia, Países Bajos, Hungría, Irlanda, Italia, Letonia, Lituania, Luxemburgo, México, Noruega, Polonia, Portugal, Reino Unido, República Checa, Rumanía, Serbia, Suecia y Suiza.

Cómo envasarlo y etiquetarlo

ADVERTENCIA

Lo más habitual en las personas que se llevan jamón a su país es que transporten unos cuantos sobres envasados al vacío o una pieza de medio kilo o de un kilo. Lo ideal sería que no se rompiera la cadena de frío, es decir, que el paquete no experimentara cambios bruscos de temperatura. Si vas en avión y lo facturas, viajará en la bodega, donde se producen alteraciones importantes. No sería lo más adecuado, a menos que viajes con una cantidad tan grande que no te quepa en el equipaje de mano. Si puede viajar en cabina contigo, mejor que mejor. En cualquier caso, protégelo con una bolsa isotérmica para que se mantenga el máximo de horas posibles a una temperatura constante. Si tu viaje es dentro de Europa, no serán muchas horas. Si es a otras latitudes, la cosa ya dependerá de la climatología. En cualquier caso, si lo compras en una tienda especializada no olvides comentar que tu intención es viajar con el producto, pues el dependiente te lo envolverá de la manera más adecuada y probablemente te dará buenos consejos para que cuando el jamón llegue a su destino esté igual de apetitoso que cuando lo compraste.

Si viajas en coche, lo suyo sería guardarlo en una neverita o, en el peor de los casos, en una bolsa isotérmica, especialmente en verano y en climas húmedos. Cuando pares, comprueba que la temperatura se mantiene constante.

Si lo que quieres es enviar jamón al extranjero (a un familiar, un amigo, un cliente, etc.), ve a una tienda especializada y explícalo. Te lo envasaran y etiquetaran correctamente para que al enviarlo por mensajería pase correctamente los controles y no pierda sus propiedades. O, todavía más sencillo, haz el encargo a través de una página web de confianza.

Elegir un jamón para regalar

En la cultura española, regalar un jamón equivale a decir "GRACIAS". Así, en mayúsculas. Aún hoy se suele regalar, sobre todo, en Navidad, formando parte de las tradicionales cestas o sin nada que le haga sombra. Es la forma en que muchas empresas agradecen la dedicación de todo el año a sus empleados o la fidelidad a sus clientes. También, como antiguamente, es una forma de agradecer determinado trato de favor a ciertas figuras sociales como los médicos o los abogados.

Una vez más, vemos que el jamón es mucho más que un alimento: es también una herramienta de comunicación social. Una forma de decir "gracias por tu dedicación", "gracias por seguir con nosotros", "gracias por el favor que me has hecho", etc. Durante todo el año, pero especialmente en Navidad, muchas personas se acercan a nuestras tiendas y nos dicen: "Quiero un jamón para regalar, ¿cuál me aconsejas?".

La respuesta suele ser otra pregunta: "¿Cuánto quieres gastarte?". Como cada persona es un mundo, hay multitud de situaciones:

- el que no repara en gastos y quiere quedar muy bien, que responde cosas como "uno que sea muy bueno", "el mejor que tengas", "un pata negra", etcétera;
- el entendido que ya sabe lo que busca: "Una paletilla, pero que sea ibérica y de Guijuelo", "aquel que me gusta tanto, el que es 100 % ibérico", "alguno nuevo que esté saliendo muy bueno", etcétera;
- el que tiene una idea en la cabeza de lo que se puede o quiere gastar: "200 euros", "no más de 300 euros", etcétera;
- el que no tiene un presupuesto claro ni sabe de jamón, y que simplemente responde: "Pues uno que esté bien y no sea caro".
- etcétera.

CONSEJO

Sea cual sea tu respuesta y lo que buscas, seguro que hay un jamón adecuado para regalar. Para que no te encuentres con sorpresas ni quedes mal, vuelvo a aconsejarte que vayas a una tienda especializada, pues allí podrás tomarte tu tiempo para preguntar, probar y elegir. Te ayudarán a encontrar el más adecuado en base a tu presupuesto y/o tus gustos.

RECUERDA

Para darte aquí algunas indicaciones genéricas, te diría lo siguiente:

- si quieres quedar muy bien, regala un jamón de bellota 100 % ibérico, (el Messi del jamón, ¿recuerdas?), pero que sea de una marca conocida y con garantías. Ya que te vas a gastar un buen dinero, asegúrate de que regalas lo mejor. Así, la persona destinataria sabrá que no has escatimado esfuerzos;
- si tienes poco presupuesto, escoge una paletilla, pero que al menos sea de una de las procedencias que hemos visto antes: Jabugo, Guijuelo, Dehesa de Extremadura y Los Pedroches (ibérico); Teruel y Trévelez (serrano);
- y si no estás ni en un extremo ni en otro, pide que te dejen probar un par de ibéricos y escoge el que más te guste a ti, pues así sabes lo que regalas y llegado el caso puedes decir: "Este me gusta mucho, por eso lo he escogido".

Por qué unos jamones son más caros que otros

En el precio del jamón pueden intervenir varios factores:

- Por supuesto influye la raza del cerdo, que es al fin y al cabo la materia prima. No tiene el mismo precio un macho de cerdo Duroc que un macho de cerdo ibérico 100 % (el segundo es mucho más caro, como ya habrás adivinado a estas alturas del libro).
- Por otro lado la alimentación: no es lo mismo dar pienso vitaminado a un cerdo en una granja que trasladarlo en un camión hasta una dehesa, pagar al propietario de la dehesa por su uso y volver a trasladarlo una vez engordado.
- También el grado de mecanización de los procesos: cuanto más artesanal es la producción, más caro, pues detrás siempre hay personas, a menudo con mucha experiencia y unos conocimientos muy especializados.
- Por supuesto también influye el tiempo de envejecimiento en bodega, pues no deja de ser un espacio que se ocupa y que, por tanto, tiene un precio de almacenaje. No es lo mismo un jamón que ha pasado en bodega 10 meses que otro que ha estado 36. Como es lógico, el segundo es más caro, pues también ha ocasionado más gastos en cuanto a ocupación de espacio y atenciones requeridas.

- Y, por último, el prestigio de la marca. Algunas marcas se han ganado un gran prestigio, casi siempre justificado, a base de mantener unos estándares de calidad muy altos durante años. Incluso hay una que vende sus jamones como si fueran joyas, es decir, con un *packaging* espectacular que incluye hasta un manual de corte y conservación. Esto, como es lógico, tiene un precio.

RECUERDA

Lo importante, además de saber qué justifica que unos sean más caros que otros, es que hay jamones para todos los bolsillos, y que no siempre el más caro es el que más gusta. Hay quien "alucina", si me permites la familiaridad, con un jamón serrano bien cortadito y en su punto, y me parece fantástico. Y, en el otro extremo, hay quien no disfruta con un ibérico de bellota porque le parece que tiene un sabor demasiado intenso. Y es que, como reza el mantra de este libro que te vengo repitiendo desde el principio, el jamón es para disfrutar: el jamón que no da placer es caro, y el que da placer no tiene precio.

Como los precios cambian en función de quién venda y de la evolución del famoso IPC, no puedo darte aquí un rango de precios concreto, pero por darte una pista te diré que nosotros establecemos tres grupos de precios: el que se vende a 30 euros/kg, que es muy bueno; el de 60 euros/kg, que es buenísimo; y el de 120 euros/kg, que es para hablarle a Dios de tú.

EN ESTE CAPÍTULO

- Hay falsos mitos sobre el jamón que conviene ir desterrando
- El mejor jamón es... ¡el que más te haga disfrutar!
- ¿Sabías que no hay que tapar el jamón con su propia grasa?

Capítulo 13 Mentiras y verdades

Existen numerosas creencias falsas en torno al jamón, algunas transmitidas de generación en generación (como "hay que tapar el jamón con su propia grasa para que se conserve mejor") y otras más recientes, resultado de los cambios de hábitos y costumbres de la sociedad (por ejemplo, "el jamón engorda"). Aquí los productores deberían entonar un *mea culpa*, ya que algunas de estas creencias son el resultado de que cada uno ha acercado el ascua a su sardina, como se suele decir. O sea, que ha dado transmitido la información que más le convenía, con independencia de su grado de veracidad.

Como la mejor forma de desmontar un mito es el conocimiento, aquí te ofrezco argumentos y datos para desmontar algunas de las mentiras o falsas creencias que circulan sobre el jamón.

"Comer jamón no es saludable"

El jamón tiene grasa, es obvio, y la grasa, sobre todo en exceso, no es saludable. Hasta ahí estamos de acuerdo. Sin embargo, aquí sería de aplicación aquello de "el veneno está en la dosis", pues hay grasa saludable que, en una medida adecuada, es incluso necesaria para el organismo.

INFORMACIÓN TÉCNICA

En el caso del jamón, tenemos la grasa interna y la externa. La interna es la infiltrada en el músculo, es decir, esas vetas blanquecinas que atraviesan la loncha que nos llevamos a la boca. Esa grasa es la que le da untuosidad al jamón y la que distingue, precisamente, al ibérico de otros jamones que por el mundo circulan. Es necesaria para conseguir la calidad propia del producto y en su justa medida es perfectamente saludable. Otra cosa es la grasa externa, que si bien tiene una función protectora y de conservación, no debe comerse en exceso. El jamón debe tener tocino alrededor, de lo contrario sería seco como la mojama, pero a la hora de cortarlo esa grasa hay que quitarla y como mucho dejar un borde fino. Si hay demasiada, no solo no será saludable, sino que además enmascarará el sabor del jamón, y nada nos interesa menos que esto.

RECUERDA

En resumen, la grasa interna proporciona sabor y aromas, la externa solo protege. Hay que dejar un poco de grasa externa, pero el rancio hay que tirarlo a la basura directamente. Si quieres utilizar un poco de la grasa para enriquecer un caldo, vale, pero siendo consciente de que hoy día no trabajamos en el campo bajo el inclemente frío del invierno, sino mayoritariamente en interiores y delante de pantallas de ordenador, así que esa grasa no se quemará y se acabará acumulando en nuestras arterias.

Las propiedades del jamón son muchas y variadas. Contiene proteínas y aminoácidos esenciales de alta calidad. Uno de esos aminoácidos, el triptófano, que abunda en el jamón, es esencial para promover la liberación de serotonina, un neurotransmisor involucrado en la regulación del sueño y del placer. Es decir, el jamón produce placer no solo en el paladar, sino bienestar en todo el cuerpo.

Por si eso fuera poco, es antioxidante y contiene vitamina E, así como vitaminas B1, B6, B12 y ácido fólico, que benefician el sistema nervioso y favorecen el buen funcionamiento del cerebro. Además, es rico en minerales como el hierro, el fósforo, el potasio y el zinc, importantísimos para los huesos y los cartílagos.

INFORMACIÓN TÉCNICA

Hay algunas diferencias en cuanto a las propiedades nutricionales del jamón serrano y del jamón ibérico. El serrano tiene menos calorías que el ibérico, pero también contiene menos proteínas de buena calidad. Por otra parte, tiene más sodio, por lo que si sufres de hipertensión te irá mejor el ibérico. El resto de los minerales, tales como el potasio, el fósforo y el magnesio, también predominan en el jamón serrano, mientras que el jamón ibérico posee más calcio, vitaminas del complejo B y ácido fólico.

	Jamón serrano	Jamón ibérico
Kcal	136	375
Proteínas	21,37 g	43,2 g
Grasas	5,6 g	22,4 g
Sodio	2.340 mg	1.110 mg
Potasio	250 mg	153 mg
Fósforo	223 mg	157,5 mg
Magnesio	17,1 mg	1,57 mg
Calcio	12,7 mg	27,08 mg

En definitiva, ambos son productos saludables, ricos en ácidos grasos insaturados y minerales buenos para el organismo. No obstante, dado su alto contenido en sodio y grasas, debemos consumirlos con moderación y disfrutar de sus beneficios esporádicamente.

"El jamón engorda"

RECUERDA

El jamón ibérico tiene más grasa que otras carnes más magras, eso es evidente. El contenido calórico de 100 gramos de ibérico es muy superior, por ejemplo, a la misma cantidad de pavo. Hasta ahí estamos de acuerdo. Sin embargo, el jamón en su justa medida no engorda. Científicamente demostrado.

INFORMACIÓN TÉCNICA

La Unidad de Endotelio y Medicina Cardiometabólica del Hospital Ramón y Cajal de Madrid ha realizado dos estudios que muestran, de hecho, los beneficios del consumo regular y moderado de jamón. El estudio se realizó seleccionando un centenar de personas sanas de entre veinticinco y cincuenta y cinco años que consumieron 50 gramos al día de jamón ibérico de bellota durante seis semanas. El resultado fue que ninguno de los sujetos engordó. Es más, se encontró que el jamón ibérico de bellota había actuado como "reductor de la presión arterial", es decir, fue beneficioso a nivel cardiovascular.

El jamón ibérico tiene entre 100 y 125 kcal por cada ración de 50 gramos, por lo que es adecuado incluso en dietas hipocalóricas. Es el embutido más saludable y con menos grasas saturadas que existe en el mundo entero. Eso sí, como todo lo bueno, mejor con moderación.

"Si tiene puntitos blancos está malo"

Sabes de qué puntitos te hablo, ¿verdad? Esos que a veces salpican las lonchas y que, al no ser habituales, dan la sensación de que algo le pasa al jamón. Pues bien, sí que le pasa algo: ¡que es un jamón excelente!

INFORMACIÓN TÉCNICA

Los puntitos blancos son cristales de tirosina, uno de los 20 aminoácidos que forman las proteínas. Se forman durante su maduración y son una señal inequívoca de que el jamón se ha curado correctamente. Una de las propiedades de la tirosina es su baja solubilidad, por lo cual, cuando el agua del jamón tiende a perderse, se reagrupa formando esos cristales blancos, que en contra de lo que piensan algunos no indican que el jamón es malo, sino todo lo contrario: que es de buena calidad y que el proceso de curación se ha llevado a cabo correctamente.

Aclarado pues. Puntos blancos igual a envejecimiento óptimo y jamón de máxima calidad.

"Hay que tapar el jamón con su propia grasa"

ADVERTENCIA

En muchos hogares españoles sigue existiendo la creencia de que, después de abrir un jamón, hay que conservar un pedazo de la grasa que le hemos quitado para tapar con ella la parte del jamón por donde estamos cortando. Se cree que de esta manera se conserva mejor, pero ¡es falso! El mito está tan extendido que al principio yo mismo lo creía y lo recomendaba, pero con el tiempo descubrí que no es correcto. En primer lugar, porque si el jamón se va cortando un poco cada día, no necesita otra cosa que estar en un lugar sin corriente de aire y tapado con un paño de algodón para que no le dé la luz. Lo demás sobra.

Y en segundo lugar, porque si lo dejas en contacto con la grasa, se vuelve más grasiento, y eso desvirtúa su sabor. De hecho, prueba a poner un trozo de ese tocino en un pedazo de pan y cómetelo. ¿A qué sabe? A rancio, ¿verdad? Pues ese es el sabor que le añades al jamón si está mucho rato en contacto con la grasa. Y un jamón que lleva meses, incluso años, curándose para adquirir su sabor especial no se merece que se lo estropeemos en el último momento. Tiene la grasa justa, no necesita más.

Por tanto, si lo haces, deja de hacerlo, y si no lo hacías, ni se te ocurra empezar ahora. Cuando acabes de cortar tus lonchas, lo tapas con un paño de algodón que no suelte pelusa. Esto hará que la luz no penetre en el corte y que esté lo menos expuesto posible al aire. Esta es la forma correcta de mantener en buen estado un jamón abierto.

"Es mejor que todas las lonchas sean iguales"

¿Existen dos personas iguales? No. ¿Existen dos jamones iguales? Tampoco. Pues las lonchas no tienen por qué ser iguales. Deben tener un tamaño parecido, que te permita comértelas de un bocado, pero no necesariamente deben tener el mismo tamaño ni la misma forma.

ADVERTENCIA

A los amantes de la simetría les gusta que todo quede perfecto, pero a veces lo perfecto es enemigo de lo bueno. En el caso del jamón, si encuentras tres o cuatro lonchas exactamente iguales en un plato, desconfía. Como te he comentado en otro capítulo, hay quien mete a presión en un molde varias piezas de jamón y las pasa por una máquina y luego las envasa en un paquete para que todo quede bonito, pero cuando abres el sobre y te lo comes no sabe a nada. Si el jamón se corta a mano, por muy experto que sea el cortador, siempre encontraremos las irregularidades del trabajo hecho a mano, artesanal. Lo imperfecto, en este caso, es justamente lo perfecto.

"El mejor jamón es el de bellota"

No se puede negar que el ibérico de bellota es una delicia a la altura de las mejores *delicatessen* del mundo, pero también hay personas a las que no les gusta, como hay quien pasa de las ostras o del *foie*. Igualmente, hay quien prefiere el jamón serrano que el jamón ibérico de bellota, y está totalmente en su derecho. Para mí no hay un jamón que sea mejor que otro: el mejor jamón es el que da más placer.

Si te gusta, es bueno, con independencia de que sea serrano o ibérico, de Guijuelo o de Los Pedroches, bodega o gran reserva, caro o barato.

Da igual. Es como la pintura: si te plantas delante de un cuadro y no te dice nada, da igual que sea de Miró o de un pintor callejero: para ti no vale nada. Y todo lo contrario: si te emociona y te llega, da igual que sea de Miró o de un amigo tuyo que pinta los fines de semana. Será arte o no, ese ya es otro tema, pero lo importante es si te gusta o no. Eso sí, también te digo que cuanto más aprendas (y espero que a estas alturas del libro ya hayas aprendido bastantes cosas), más apreciarás las diferencias y más valorarás la calidad.

RECUERDA

Cada uno de nosotros tenemos una percepción particular. Puede ser que no te guste el ibérico de bellota, o que te guste el de una procedencia y no el de otra. O que, sencillamente, prefieras un jamón con menos grasa y menos matices. Porque cada uno es hijo de una madre y, como canta Víctor Manuel:

> Cada uno es como es y no hay nada que hacer,
> morenos, gordos, flacas, al detalle o a granel,
> esclavos, lujuriosos, robaperas, demodés;
> por techo las estrellas o con estrellas a sus pies.
> Cada uno es como es y no hay nada que hacer,
> aquel que todo mira o el que nada quiere ver,
> imberbes, virtuosos, con más plumas que Luzbel,
> el muy triste o los que hacen de su vida un cascabel.
> Todos distintos, iguales,
> buscando lo mismo sin saber bien qué...

"El mejor es el de pata negra"

Para esta afirmación sirve la misma respuesta que para la anterior: el mejor es el que más te guste. Ahora bien: ¿qué significa la expresión "pata negra" y para qué se utiliza?

INFORMACIÓN TÉCNICA

Durante mucho tiempo se ha asociado a los jamones de cerdo ibérico ("jamón de pata negra") por el color de su piel y de su pezuña. Pero el cerdo ibérico no siempre es de color gris oscuro ni su pezuña es siempre negra. Hay diferentes variedades dentro del tronco ibérico, entre ellas algunas con un tono de piel más rojizo como la Torbiscal o la Retinta. Las que sí son negras son la Lampiña y la Entrepelada, las más comunes, de ahí la expresión. Pero, insisto, ni todos los cerdos ibéricos tienen la pezuña negra ni la pezuña negra es exclusiva de esta raza.

Por tanto, ni todos los cerdos ibéricos tienen la "pata negra" ni el hecho de que la tengan es garantía de que el jamón será bueno. Hay razas que no son ibéricas y sí son negras, por lo que el color negro no es garantía de que el jamón sea ibérico, ni siquiera de que sea de calidad. De hecho, aunque ahora ya no se hace, durante años algunos comerciantes, haciendo gala de la archiconocida picaresca española, teñían de negro las pezuñas de sus jamones para aprovecharse de la creencia popular de que eran los mejores y venderlos más caros. Afortunadamente, esto ya está regulado y vigilado, y es raro encontrar la expresión "pata negra" en una etiqueta. No obstante, si la encuentras no hagas mucho caso: fíjate en el resto de aspectos que hemos comentado en capítulos anteriores: el porcentaje de raza ibérica y la alimentación (bellota, cebo de campo o cebo de granja).

"El jamón de bellota procede de cerdos que solo comen bellotas"

Si un cerdo comiera solo bellotas, enfermaría y moriría. Igual que cualquier ser humano si comiera solo un alimento, sea cual sea. Cualquier ser vivo necesita diferentes nutrientes y cada alimento le proporciona unos diferentes. Los cerdos ibéricos que dan jamones de bellota empiezan mamando de la madre durante las primeras semanas de vida, luego comen pienso de cereales y leguminosas, hierba, raíces y plantas aromáticas y, finalmente, cuando es la época, bellotas. En el tiempo que pasan allí se alimentan sobre todo de bellotas, que les encantan, pero también de diferentes variedades de plantas que encuentran a su paso. Si al final de ese período no han engordado lo suficiente, se les vuelve a dar pienso, con lo cual sus jamones ya no pueden recibir la calificación "de bellota", sino "de cebo de campo".

"El jamón se tiene que acompañar siempre con vino tinto"

La tradición popular ha vinculado a menudo el vino tinto con el jamón. De hecho, hay una buena colección de refranes que los asocian:

- Al jamón de tocino, buen golpe de vino.
- Al viajero, jamón, vino y pan casero.
- Allí se me ponga el sol, donde me den vino y jamón.

- Dijo el jamón al vino: aquí te espero, buen amigo.
- Con jamón y buen vino se anda el camino.
- Francés, sin jamón y vino, no vale un comino.
- Jamón y porrón, hacen buena reunión.
- Quien toma vino y jamón, no padece del corazón.
- Etcétera.

ADVERTENCIA

En los capítulos siguientes hablaremos de las bebidas más apropiadas para acompañar el jamón, pero te adelanto que el vino tinto no es lo que más ayuda a saborear un buen jamón. Si el jamón es bueno y quieres saborearlo, mejor toma el vino a parte.

RECUERDA

El vino tinto es maravilloso. ¡Qué voy a decir yo, si en España se elaboran algunos de los mejores vinos del mundo! Tenemos desde los más conocidos de la Rioja y la Ribera del Duero a otros no tan internacionales pero igualmente impresionantes: Bierzo, Empordà, Navarra, Priorat y un largo etcétera. Y no hay duda, como te explicará cualquier buen sumiller, de que el vino tinto se puede marinar con infinidad de platos de carne, con quesos, etc. Pero justamente tiene tanta personalidad y tanta presencia en el paladar que puede ensombrecer y ocultar el sabor y los matices del jamón.

Aunque, dicha la norma, insisto en lo de siempre: allá cada cual si disfruta. Yo solo pongo sobre la mesa lo que hay, pero si te gusta regar el jamón con vino tinto y eres capaz de apreciar las bondades de ambos, aquí paz y después gloria. Lo importante es que no lo hagas porque es costumbre o porque se da por hecho o porque te lo dicen. No hay ninguna obligación de hacerlo así. Es más, hacerlo así tiene sus inconvenientes, como veremos en el capítulo dedicado a las catas de jamón. Pero antes nos vamos de restaurantes.

EN ESTE CAPÍTULO

El jamón ya es un producto "cocinado"

Los mejores chefs españoles lo usan en sus preparaciones

Descubre algunas deliciosas recetas con jamón

Capítulo 14

El jamón en la gastronomía

Cómo disfrutarlo mejor

RECUERDA

El jamón es un producto ya cocinado, en este caso a "fuego" lento durante meses. No necesita aderezos ni cocciones añadidas, ni siquiera guarnición: se basta por sí solo para llenar la boca de un sabor inigualable. Y no solo eso: hay que ir con cuidado a la hora de mezclarlo para no estropearlo ni enmascarar sus cualidades.

No obstante, como producto presente en las casas, especialmente las españolas, desde hace siglos, ha ido adquiriendo un papel en la gastronomía que va más allá del "cortar y comer". Hay otras maneras de disfrutarlo y las vamos a ver en este último capítulo de nuestro recorrido por el mundo del jamón.

Potenciador del sabor y complemento de lujo

Encontrarás pocos restaurantes que tengan platos con el jamón como protagonista principal, más allá del habitual, sencillo y perfecto plato de jamón cortado. Esto sucede, como te decía, porque el jamón tiene tanta personalidad que, si no vas con cuidado, lo estropeas. O, como dice el refrán, "desvistes un santo para vestir otro". Aun así, es habitual que se use para enriquecer platos, para potenciar el sabor de algunos productos o como guinda, es decir, para dar un toque alegre a nivel visual y gustativo.

La grasa del jamón, en concreto del ibérico, es aceite encapsulado. Tal cual. Un taco de tocino de jamón de bellota es el mejor potenciador de sabor del mundo. Lo puedes utilizar para freír en él unos huevos, para saltear unas judías tiernas o para construir una vinagreta con la que alegrar una ensalada. Los huevos fritos de esta manera son una delicia que no se puede describir con palabras. Y, además, tan fácil que cualquiera puede hacérselo en casa en dos minutos. Con la sartén tibia añades ese tocino de extrema calidad, ese que hemos apartado del jamón para que no quedara demasiado grasiento ni enmascarara sus matices. Cuando se haya fundido y esté caliente, añades los huevos manteniendo el fuego fuerte y los fríes hasta que muestren la clásica "puntilla" alrededor. Los sirves en el plato y si el cuerpo te pide un extra, esparces por encima de los huevos unas virutas recién cortadas. ¡Espectacular!

CONSEJO

El jamón también es un excelente acompañante, sobre todo de algunas verduras. Es como un complemento de lujo, una joya que resalta el conjunto del vestuario. Las judías tiernas hervidas, que para muchos son un plato aburrido, se visten de fiesta si les añades un poco de jamón ibérico cortadito en forma de tacos o virutas. ¡El concepto y la experiencia cambian totalmente! Algo parecido pasa con las alcachofas, por las que el jamón tiene una querencia especial. Unos corazones de alcachofa salteados con jamón o una crema de alcachofas con virutas de jamón y un toque de aceite de tocino, ya sea cuando la trituras o una vez servida... ¡mmmmm! Un plato buenísimo y, en su justa medida de grasa, súperequilibrado.

El jamón y la patata también casan de forma espectacular. Es un poco como la bella y la bestia: la patata, alimento rudo y socorrido, adquiere una nueva dimensión en contacto con el jamón, que además de belleza le aporta emoción.

El jamón también combina, aunque tal vez te cueste creerlo, con los frutos rojos, cuya acidez combina con este de forma sorprendente. Y es que el cerdo ibérico, cuando va a montanera, come muchos vegetales, entre ellos frutos del bosque, así que tiene cierto sentido. Es como intentar volver al origen de lo que ha vivido el cerdo.

Algunas ideas básicas

En nuestras tiendas-restaurante ofrecemos también algunos platos en esta línea, aunque sin abusar: preferimos pocos pero bien elegidos y con una justificación. No se trata de introducir el jamón a la ligera en cualquier tipo de comida o plato, sino de ver dónde aporta y le aportan. Así hemos creado, por ejemplo, la Ensalada Montanera, que es una representación de todo aquello que sirve para alimentar al cerdo ibérico de bellota durante su estancia en el monte: contiene mucho verde, frutos rojos, virutas de jamón y un poco de queso (el cerdo no come queso, pero se lo añadimos para redondear el plato).

Ahora estamos creando también una ensaladilla de embutidos ibéricos hecha con las puntas del jamón, del chorizo, de la caña de lomo y del salchichón, todo cortadito y presentado en forma de ensaladilla con patata. ¡Irresistible!

Aunque nuestro "plato" estrella sigue siendo... ¡el bocadillo de jamón! Ahora bien, no cualquier bocadillo, como veremos a continuación.

Con pan o sin pan

ADVERTENCIA

Una de las mejores cosas del mundo es el pan con jamón. O sea, el bocadillo de jamón. Pero no sirve cualquier pan ni cualquier jamón ni cualquier proporción de uno y otro.

Aunque parezca un estándar, el clásico bocadillo de jamón tiene también su ciencia. En primer lugar, debe presentar la proporción perfecta de pan y de jamón. Después de mucho experimentar, hemos dado con la fórmula perfecta: 125 gramos de pan cocido al horno durante 12 minutos y 40 gramos de jamón ibérico de bellota. Si se prepara con viruta, hay que ponerle 50 gramos. Si te tienes que pasar con algo, que sea con el jamón, no con el pan, pues no hay nada más decepcionante que un bocadillo demasiado vacío.

En cuanto al tomate restregado en el pan, una gran costumbre del lugar donde provengo, Cataluña (el *pa amb tomàquet*), va a gusto del consumidor. Personalmente creo que combina bien, pero hay que tener cuidado de no añadir demasiado aceite, sobre todo si es de sabor intenso, pues al final no notaríamos el sabor del jamón.

Con qué bebida acompañarlo

Empezaré por el final: disfruta del jamón con la bebida que te apetezca, pero primero lee esto para saber qué está en juego en cada caso. Me explicaré. Cuando comes jamón el objetivo es disfrutar y saborear sus matices. Por lo tanto, lo ideal es acompañarlo con una bebida que sea poco invasiva. La mejor, obviamente, es el agua, inodora e insípida. El agua es neutra y limpia la boca de otros sabores cada vez que la bebes. Pero, claro, el agua es un poco aburrida, y comer jamón es una fiesta, a menudo compartida con amigos. Así que la ocasión se merece algo más alegre. ¿Vino, cerveza, cava, refresco azucarado, té, ginebra, tequila, zumos de fruta...? Vamos a verlo. Pero te adelanto que la candidata ideal para acompañar el jamón debe ser una bebida suave que no empañe, tergiverse ni esconda el sabor y el aroma del jamón.

CONSEJO

Para mí, la que mejor marida es el cava (o el champán). Es una bebida agradabilísima y festiva, pero a la vez poco invasiva en el paladar, amable, fresca, con un punto justo de alcohol y aguja que te permite disfrutar sin disfrazar. Sorbito de cava y lonchita de jamón: ¡una fantástica combinación! Si vives en el sur de España y te apasiona la manzanilla, estupendo, también combina muy bien. La manzanilla es un vino blanco y seco elaborado con uva palomino y envejecido bajo una capa de levaduras llamadas "velo de flor".

Hay otras opciones. En una ocasión realicé en México una cata de jamón maridada con tequilas y fue sorprendente, aunque lo cierto es que antes tuve que hacer una cata solo de tequila para entender bien esta bebida y descubrir sus propiedades. El tequila abre de tal forma las papilas gustativas que después puedes apreciar más los sabores de lo que comes. Después del sorbo de tequila, los matices del jamón se absorbían perfectamente. Claro está que no es una bebida con la que deban realizarse habitualmente las catas, pero como experimento fue muy interesante.

ADVERTENCIA

Por otro lado, las bebidas azucaradas como la Coca-Cola o los refrescos de naranja y limón no son adecuadas, ya que dejan en el paladar un rastro de azúcar que desmerece y tergiversa el sabor de lo que ingeriremos posteriormente. El café o el té, por su parte, tienen un sabor tan intenso que dejan un poso en el paladar y sucede exactamente lo mismo.

Habrás visto que no he mencionado el vino... Y es que lo que tenía que decir sobre la combinación de vino y jamón está ya dicho en el capítulo anterior: el vino tinto tiene tanta persistencia en el paladar que minimiza y aplana el sabor del jamón. Eso sí, como también he dicho antes, sobre gustos no hay disputas, y si quieres regar con tinto una tapa de jamón, no seré yo quien te lo impida.

CONSEJO

Un ejercicio que puedes realizar, en pareja, en familia o con amigos, es probar con diferentes bebidas: primero tomáis un sorbo de la bebida y luego una lonchita de jamón, y os fijáis en qué sucede en cada caso. Entre una bebida y otra, podéis enjuagaros la boca con agua para notar claramente las diferencias.

La huella de los grandes chefs

Afortunadamente, hay grandes cocineros en nuestro país capaces de encontrar un equilibrio adecuado entre la experimentación, la creatividad y el respeto por un producto de calidad que, cuando llega a sus manos, ya ha sido cocinado durante 30 o 40 meses. Se puede y se debe arriesgar en la cocina para ensanchar nuestros límites gustativos y disfrutar todavía más, pero hay cosas que rozan la atrocidad e incluso el delito, si me permites la exageración. ¿A alguien se le ocurriría, por ejemplo, abrir una lata de caviar y mezclarlo con un kilo de patatas y un buen chorro de mayonesa? Pues eso.

INFORMACIÓN TÉCNICA

El jamón no deja indiferente a nadie, por eso los más renombrados chefs también han querido experimentar con él y reinterpretarlo, ofreciendo al mundo su propia versión de este manjar. El pionero fue, como en otras cosas, Ferran Adrià, que en los años ochenta ya deconstruyó el jamón ibérico en su famoso El Bulli: usando nitrógeno creó polvo helado de grasa del jamón. Con posterioridad, muchos han seguido sus pasos, e incluso algunos elaboradores de prestigio han creado laboratorios gastronómicos. Joselito Lab es una prueba de ello. Proponen nuevos platos elaborados con jamón por chefs de prestigio: cerezas con mantequilla de jamón, croquetas rellenas de jamón picado y coronadas con una lonchita (a imagen y semejanza de una pieza de *sushi*), verduras confitadas con la grasa, etc. Todo un mundo por explorar.

En Enrique Tomás hemos incorporado también un chef justamente para que interprete, reinterprete, busque, rebusque, cree e invente, siempre con respeto hacia el producto. Porque no hay que cerrarse a cualquier posibilidad de crecimiento y de disfrute.

Recetas para cocinar con jamón

Mientras los chefs experimentan, nosotros a lo nuestro: te ofrezco a continuación unas cuantas recetas para que, además de cortar y comer, disfrutes del jamón de otras maneras. Son recetas sencillas y fáciles de llevar a cabo (o sea, *para Dummies*), pero que dejarán a tus amigos con la boca abierta (¡y lista para comer!).

Pan con tomate y jamón

INGREDIENTES:

Pan rústico (de pueblo)

Tomates maduros

Aceite de oliva virgen extra

Jamón (preferiblemente ibérico de bellota)

Sal en escamas

Tomillo

PREPARACIÓN:

Se trata del tradicional pan con tomate catalán pero en un nuevo formato. Necesitarás un pan de pueblo de los de toda la vida. Acércate a tu panadería de confianza y escoge uno para cortarlo en tu casa o bien pide que te lo corten lo más fino posible sin que se llegue a romper.

El tomate mejor en rama y de temporada (la temporada es más o menos de junio a octubre), de esos que huelen realmente a tomate. Elige los que estén en su justo punto de madurez. También lo puedes hacer con un tomate de supermercado, pero no será lo mismo.

Cualquier jamón te servirá, pero te recomiendo para este plato un buen ibérico de bellota, que hará frente a la acidez del tomate con su sabor intenso. Si tienes que ir a comprarlo, elige uno que tenga muchas vetas blancas, así te aseguras de que sea bien sabroso. En cuanto a la procedencia, la que más te guste.

El resto de ingredientes están en la ilustración: aceite de oliva virgen, sal en escamas y tomillo. Vamos allá.

Coge una rebanada fina de pan de pueblo y enróscala hasta darle forma de tubo y sujétala con un palillo de madera. En esta parte del proceso puede que pierdas algunos trozos de pan: no pasa nada. Cuando tengas tantos tubos de pan como comensales, coloca un poco de papel de horno en la bandeja y los horneas a 180 grados durante unos 10 minutos, hasta que quede crujiente. No te fíes mucho del tiempo, pues cada horno es un mundo. Si eres cocinitas, eso ya lo sabes. Ve comprobando las rebanadas hasta que consideres que tienen consistencia. Cuando las saques y las dejes enfriar a temperatura ambiente, tienen que aguantar con su nueva forma de tubo sin el palito.

Ahora corta los tomates en cuadraditos pequeños y resérvalos en un bol con aceite de oliva virgen extra y sal para que se empapen bien durante unos 15 minutos. Aprovecha ese tiempo para sacar el jamón de la nevera o cortarlo, si es que tienes una pata en casa. Si lo tenías en la nevera, abre el sobre y déjalo que se atempere durante esos 15 minutos. En ese tiempo recuperará sus aceites, lo que te permitirá separar las lonchas sin que se rompan.

Para el montaje del plato, pon el tubo de pan en el centro, y rellénalo usando una cuchara con el tomate, que previamente habrás escurrido para que la humedad del aceite no moje en exceso el pan y deje de estar crujiente. Aunque la receta es sencilla, el juego de texturas es importante para que funcione.

Finalmente, coloca el jamón de bellota en la parte superior del tubo de pan relleno de tomate, pon tomillo para aromatizar. Si has elegido un jamón de Huelva o de Córdoba, seguramente no será necesario, pero ponlo de todos modos para decorar, porque así el plato tendrá más color. Y ya se sabe que también comemos por los ojos...

Higos con jamón

INGREDIENTES:

Higos (o brevas)

Jamón ibérico

Aceite de oliva virgen extra

PREPARACIÓN:

Según la época usarás higos o brevas. Estas últimas suelen ser más grandes y algo menos dulces. Tenlo en cuenta si buscas un sabor más dulzón.

Para empezar, saca las lonchas de jamón ibérico de la nevera en caso de que las hayas guardado allí anteriormente para que el jamón esté a temperatura ambiente. Mientras se atempera, limpia los higos o las brevas con agua fría. Si usas brevas, notarás que seguramente están más duras, pero es normal, no te preocupes.

Una vez limpios, quítales el rabito con un cuchillo. No los peles, pues podrían romperse. Hazles un corte en forma de cruz para que se abran como una flor, pero sin separarlos en gajos. Luego dóralos en una sartén con un poco de aceite. Con un minuto será suficiente para que se caramelicen y saquen su sabor dulzón. Retira los higos y déjalos enfriar.

Cuando estén fríos, coloca los higos en forma de flor abierta sobre un plato y dispón una loncha doblada con cierta gracia sobre cada higo o breva. De este modo quedará un plato divertido y con movimiento.

El salado del jamón ibérico, con sus intensos matices, y el dulce de la fruta dan como resultado un plato de contrastes, fresco y sorprendente. ¡Y facilísimo de preparar!

Crema de castaña

INGREDIENTES PRINCIPALES:

200 g de castañas peladas

½ puerro

1 cebolla pequeña

650 cl de caldo de jamón

Aceite de oliva

Pimienta, sal y tomillo

ACOMPAÑAMIENTO:

60 g de jamón ibérico en tacos

2 castañas peladas

Cebollino fresco

Aceite de oliva virgen extra

PREPARACIÓN:

Si te gustan las castañas, esta deliciosa receta te encantará por su sabor y su sencillez. Sus principales ingredientes son la castaña y el jamón. El primero es atemporal y el segundo totalmente de temporada (en concreto de otoño). El tomillo también le dará un toque aromático.

Primero pela y corta la cebolla y el puerro en juliana y déjalos a un lado. Acto seguido corta en láminas dos castañas crudas ya peladas, añádelas a una sartén y saltéalas. Una vez doraditas, sácalas de la sartén y resérvalas. Incorpora a la misma sartén el puerro y la cebolla con una pizca de sal, poca, pues tenemos el caldo y los tacos de jamón. Por cierto, si tienes los taquitos en la nevera, sácalos ahora para asegurarte de que tienen todos sus aceites en el momento de emplatar.

Cuando la cebolla y el puerro estén pochados, añade el resto de las castañas, que previamente habrás sazonado con pimienta, sal y tomillo. Mézclalo todo y añade el caldo. Cuando rompa a hervir, baja el fuego y déjalo cocer 30 minutos, hasta que las castañas se ablanden. A continuación tritura hasta conseguir una textura cremosa.

Finalmente, sirve la crema de castaña en un plato hondo y coloca en el centro los taquitos de jamón ibérico y las láminas de castaña salteadas que tenías reservadas. Para dar el toque final, esparce el cebollino, repartiéndolo equitativamente y con gracia por el plato. Remata con unas gotitas de aceite de oliva sobre la crema.

Crema de calabaza

INGREDIENTES:

½ kg de calabaza
100 g de cebolla
½ l de caldo de verduras
50 g de mantequilla
100 g de nata montada
La piel de media naranja
1 pizca de sal
4 lonchas de jamón
1 huevo
Costrones

PREPARACIÓN:

El jamón le da un toque de sabor a casi todas las cremas de verduras, pero además les añade proteína, lo que las hace más digeribles. O sea, mejora el sabor y al mismo tiempo es saludable. ¿Qué más se puede pedir?

Esta deliciosa receta llena de contrastes, con un producto de temporada como la calabaza, es ideal para cuando llega el otoño. La combinación de sabores te sorprenderá: la dulzura de la calabaza, la acidez de la naranja y el salado del jamón son una explosión de sabor en la boca.

Para empezar, pela la calabaza y córtala a dados. Cuidado con el cuchillo, puesto que la piel de la calabaza es muy dura. Pela también media naranja y quítale la parte blanca para que no amargue. Por otra parte, corta cebolla en juliana e incorpórala a una cazuela con mantequilla junto con los dados de calabaza y la piel de naranja. Cuando lo hayas rehogado un poco, añade el caldo de verduras y deja cocer a fuego lento durante 20 minutos. Luego añade la nata y tritura.

Mientras se cuece la calabaza, pon un pequeño cazo con agua a hervir. Cuando hierva, unta un trozo de papel film con aceite, haz un saquito, pon en su interior el huevo, ciérralo bien e introdúcelo en el agua 4 minutos, de manera que se cueza la clara y la yema quede un poco cruda.

Sirve la crema en un plato hondo, añadiendo a continuación los costrones, el huevo y encima las lonchas de jamón ibérico, de un tamaño que se puedan comer de un bocado.

¡Y a disfrutar!

Arroz de calabaza

INGREDIENTES:

300 g de arroz
200 g de calabaza
50 ml de nata
1 l de caldo de verduras
100 g de queso rallado
150 g de jamón ibérico
Aceite de oliva virgen extra
Perejil
Sal

PREPARACIÓN:

Estamos acostumbrados a ver la calabaza en crema, pero tiene muchas otras aplicaciones. En esta receta es el condimento estrella, mientras que el ingrediente principal es el arroz, que absorberá y nos trasladará todos los sabores de los ingredientes que lo acompañan, incluido el jamón. Este es otro modo de que los niños, grandes aficionados al arroz, disfruten también de la calabaza, cuyo sabor dulce se equilibra aquí con el queso, que da cremosidad al plato, y con el jamón, en este caso un jamón ibérico de bellota que le otorgará un sabor más tradicional.

Tanto si has comprado el caldo hecho como si ya lo tenías preparado, lo primero que debes hacer es ponerlo a calentar en una olla. Mientras tanto, pon un poco de aceite en una sartén y cuando esté caliente vierte el arroz para que se dore un poco en crudo. Poco a poco añade caldo sobre el arroz, sin que se seque del todo ni parezca una sopa. Es cuestión de paciencia. Opcionalmente puedes añadir, antes del caldo, un chorro de vino blanco y dejarlo reducir.

Mientras se empieza a cocer el arroz, pela, corta y añade la calabaza. Remueve hasta que el arroz esté en su punto, momento en que debes añadir el queso rallado, la nata, un poco de sal, pimienta y perejil. Cuidado con la elección del queso, pues si eliges uno con un sabor muy fuerte eliminará el resto de sabores. Cuando el conjunto esté mezclado, apaga el fuego.

Monta el plato, sirviendo primero el arroz y colocando encima finas lonchas de jamón ibérico. En este plato también funcionan bien los taquitos y las virutas, pues lo importante es que en cada bocado notes el sabor del ibérico, que contrarresta el dulzor de la calabaza y le da un toque de alegría al plato. Es importante que lo añadas justo al final para que no se caliente demasiado.

Ahora solo falta llevar el plato a la mesa y... ¡a comer!

Bocadillo de jamón ibérico de bellota

INGREDIENTES:

1 panecillo de 175 g de harina blanca de trigo con doble fermentación

4 g de aceite virgen extra de oliva arbequina

1 tomate de colgar (opcional)

40 g de jamón ibérico de bellota

PREPARACIÓN:

Hornea el panecillo durante 12 minutos a 180 grados y déjalo enfriar hasta que coja la temperatura ambiente. Es muy importante para esta receta que el jamón ibérico no coja temperatura excesiva.

Una vez atemperado, abre el pan por la mitad a lo largo.

Cubre la base del panecillo uniformemente con el aceite de oliva virgen extra. Si deseas darle un toque más catalán, corta por la mitad el tomate y unta con él las dos mitades del panecillo.

Corta a cuchillo (si tienes un jamón entero) por la parte de la maza finas lonchas hasta obtener 40 gramos.

Dispón el jamón ibérico de bellota por toda la superficie del panecillo y ciérralo.

Sírvelo en un plato de barro o cerámica cortado por la mitad.

Esta, aunque aparentemente sencilla, es la receta más característica de Enrique Tomás. Aunque apenas se tarda unos minutos en prepararla, se necesitan años para que el jamón esté en su punto.

Patatas ibéricas picantes

INGREDIENTES:

200 g de patata Monalisa baby
30 g de salsa romesco picante
30 g de virutas de jamón ibérico de bellota
Sal y pimienta

PREPARACIÓN:

Esta receta es tan sencilla como deliciosa.

Lava las patatas dejándoles la piel. Ponlas a hervir durante 16 minutos. Escurre el agua de cocción y enfría con hielo.

Cortar cada patata a tercios longitudinales, salpimenta al gusto y calienta en el microondas durante 3 minutos.

Salsea el romesco en forma de barras por toda la superficie de la patata.

Oxigena la viruta ibérica de bellota durante 4 minutos y esparce por encima de las patatas.

Guisantes con jamón

INGREDIENTES:

180 g de guisantes

3 l de agua mineral

1 paquete de huesos de jamón

40 g de jamón ibérico de bellota

PREPARACIÓN:

Prepara una olla con 3 litros de agua mineral y pon a hervir los huesos de jamón durante 90 minutos.

Hierve los guisantes durante 6 minutos en este caldo de jamón preparado previamente.

Escurre el agua de cocción y enfría los guisantes cubriéndolos con hielo.

Corta a cuchillo 40 gramos de jamón ibérico de bellota de la parte de la maza, para después hacer pequeñas tiras en forma de hilos.

Saltea en una sartén con un poco de caldo de jamón hasta que se consuma, pon en el plato y espolvorea los guisantes con las tiras de jamón ibérico de bellota.

EN ESTE CAPÍTULO

Puedes sorprender a tus amigos organizando una cata en casa

Tipos de cata

¿Con qué bebidas acompañamos la cata?

Capítulo 15

Catas de jamón

Una experiencia inolvidable

INFORMACIÓN TÉCNICA

El diccionario de la Real Academia de la Lengua define "catar" como "probar, gustar algo para examinar su sabor o sazón". Eso es justamente lo que se hace en una cata de jamón, pero acompañado de una liturgia especial que merece ser preparada y disfrutada al máximo. Porque no se trata de catar sin más, sino de disfrutar, de descubrir, de aprender y de compartir. Las catas de jamón, como las de vino u otros productos elaborados, son uno de esos acontecimientos que te marcas en la agenda y que luego recuerdas durante mucho tiempo, tanto si estás entre los participantes como si la organizas tú. En ambos casos será, te lo aseguro, una experiencia única.

Una cata de jamón, como ya habrás imaginado, consiste en degustar diferentes tipos de jamón (o diferentes partes del mismo) con el fin de descubrir las virtudes de cada uno de ellos. Es algo que en condiciones normales harías a lo largo de semanas o meses acudiendo a tu tienda especializada y probando diferentes variedades, pero que aquí concentras en solo un par de horas. Esto te permite apreciar mejor los parecidos y diferencias entre un tipo de jamón y otro, entre una procedencia y otra, entre una parte del jamón u otra, etcétera.

CONSEJO

Antes de animarte a organizar tu propia cata, te aconsejo que asistas a algunas dirigidas por profesionales. Además de divertirte, aprenderás un montón. En tu tienda preferida, probablemente, organizarán algunas cada tanto, y si no lo hacen puedes sugerir que se animen a hacerlo, pues seguro que tendrán éxito. También puedes reunir un grupo de amigos y pedir que la organicen para vosotros.

Se trata de una actividad que no te dejará indiferente y de la que saldrás con conocimientos extra que siempre vienen bien, además de pasar un rato estupendo en buena compañía. Aunque no existe un protocolo establecido, lo habitual es que el experto que dirija la cata ilustre a los participantes y los adentre en este mundo, que los guíe y resuelva sus dudas para que salgan de allí iniciados y mínimamente instruidos. Y para que la próxima vez que vayan a una jamonería sepan mejor qué escoger y lo hagas con conocimiento de causa.

Organiza tu propia cata

Una vez que hayas acudido a un par de catas (y una vez que hayas leído este libro, claro), puedes animarte a organizar tu propia cata aprovechando una fiesta familiar, un evento social o una reunión de amigos. ¿Te atreves?

Hay diferentes tipos de cata, pero para no complicar las cosas te propongo dos, la "básica" y la "completa". En ambos casos, lo más importante es que compres el jamón en una jamonería y expliques lo que te dispones a hacer. Si ya entiendes de jamón, escoge tú mismo/a, pero todavía eres un dummie, mejor que te dejes asesorar por un profesional.

Veamos en detalle los dos tipos de cata:

Cata básica

Consiste en presentar y dar a probar a tus invitados tres tipos de jamón de características muy diferentes:

- un jamón serrano;
- un jamón de cebo ibérico, y
- un jamón de bellota ibérico.

Calcula una lonchita de cada uno por comensal para la cata, aunque mejor que tengas provisiones para luego, ¡porque seguro que quieren más! Dispón también un bol con palitos o picos o algo similar para picar entre un jamón y otro. Importante: que tengan un sabor lo más neutro posible. Por ejemplo, que no sean bastoncitos con gusto a queso o a cebolla.

INFORMACIÓN TÉCNICA

Con esta cata básica se pueden observar y apreciar tres grados diferentes de curación, de intensidad de sabor, de infiltración de grasa, de color, de textura y de grasa exterior. Porque incluso la grasa es diferente. La del jamón serrano (o sea, del cerdo blanco, no ibérico) es la más consistente: si coges un trocito entre los dedos y aprietas, no se deshace, incluso vuelve a su forma original al cabo de un momento. La del ibérico, en cambio, se funde mucho más fácilmente, pero aun así tienes que masajearla un poco para que se deshaga. Y la del ibérico de bellota se deshace y te impregna de aceite enseguida, dejándote en los dedos un agradable toque de aceite perfumado.

Cata completa

Si con la cata básica se trata de aprender a distinguir entre los tres principales tipos de jamón, con la completa, más sofisticada, la idea es descubrir qué sabor te gusta más. Consiste en probar los cuatro jamones de bellota que tenemos en España con procedencia reconocida: Jabugo, Guijuelo, Dehesa de Extremadura y Los Pedroches (Córdoba). Cada una de estas zonas cocina el jamón de forma diferente, proporcionándole unas características organolépticas únicas.

Con el jamón pasa lo mismo que con algunos platos como la paella o el cocido. A partir de una misma receta, en cada zona lo adaptan a sus circunstancias y sus gustos. El cocido, por ejemplo, tiene una base: se cuecen mezclados carne, embutido, legumbres y verduras. Ahora bien, en cada lugar tiran a la olla lo que tienen: sus embutidos, las verduras del lugar, etc. El resultado, aun siendo parecido, es diferente en cada lugar.

En el caso del jamón, se ha regulado como medida de protección y promoción, con lo que han quedado las cuatro procedencias ya mencionadas:

- el de Guijuelo (Salamanca) es el de sabor más suave. La gran mayoría de jamones ibéricos de bellota que se venden son de esta procedencia;
- el de Extremadura es más aromático;
- el de la comarca cordobesa de Los Pedroches ofrece un sabor

más chispeante, pues al ser el que tiene menos tradición trata de diferenciarse del resto;

» y el de Jabugo es más contundente e intenso en el paladar.

Combinación a medida

Resumiendo: la cata básica nos proporciona un conocimiento de las tres categorías principales: serrano, ibérico y bellota, mientras que la completa nos permite conocer los parecidos y diferencias entre las cuatro procedencias del jamón ibérico.

A partir de aquí, haz las combinaciones que más te gusten. Si quieres una cata que lo englobe todo, incluye jamón serrano de Trévelez y Teruel y jamón ibérico de las cuatro procedencias reguladas, diferenciando además entre ibérico sin más e ibérico de bellota.

Si quieres profundizar y ver los distintos matices dentro de una procedencia, elige una y prueba un ibérico de cebo, un ibérico de cebo de campo y un ibérico de bellota de la misma procedencia.

Si quieres ver las diferencias de sabor entre las partes de una pata (recuerda: maza, babilla o contramaza, etc.), compra una, convoca a tus amigos como si fuese un aquelarre y abre una por diferentes lugares. Comprobarás que las zonas más cercanas al hueso tienen un gusto diferente al de las zonas más apartadas. Y que la zona de la punta es más melosa que la situada junto a la pezuña. En un mismo jamón puedes llegar a descubrir hasta 8 o 9 sabores diferentes.

Eso sí, no mezcles en la cata otros productos que no sean el jamón, por muy exquisitos que sean. Si te encanta el queso, por ejemplo, organiza otro día una cata de quesos, que es un tema también muy interesante y con el que puedes disfrutar mucho, pero otro día.

Y en cuanto al maridaje durante la cata, ya te he hablado de eso, pero es un buen momento para poner en práctica y comprobar lo que has leído. Puedes disponer un surtido de bebidas: agua, vino tinto y cava, por ejemplo, y probar qué sucede con el sabor del jamón después de beber cada una de ellas.

Como ves, hay todo un mundo por descubrir.

Y ahora, ¡a disfrutar!

Creo que no hay mejor manera de acabar este libro que hablándote de las catas de jamón, pues ahí se concentra, en un tiempo breve y de forma intensa, toda la experiencia del jamón. Si acudes a una cata, o incluso si la organizas tú, podrás rememorar y poner en práctica todo lo que te he explicado en este libro, desde la alimentación del cerdo, el proceso de curación del jamón, sus diferentes partes, la forma correcta de cortarlo, el maridaje con diferentes bebidas, etc. Y te darás cuenta, espero y deseo, de que este es un mundo de tradiciones pero también abierto a la innovación. Un mundo rico que sigue evolucionando para hacerte disfrutar. Porque ese, y no otro, es el destino del jamón.

7

Los decálogos

EN ESTA PARTE . . .

El jamón siempre hay que disfrutarlo sin prisas, paladeándolo. Pero como siempre hay quien tiene poco tiempo o que le gusta ir al grano, aquí tienes una serie consejos resumidos en forma de decálogos para que sepas lo esencial sobre cómo elegirlo, cómo conservarlo, cómo cortarlo y cómo organizar una cata.

Cómo elegirlo

1. Compra en una tienda especializada. El profesional que te atienda podrá informarte, aconsejarte y resolver tus dudas.
2. Piensa en cuánto jamón vas a comer en los próximos días. Si vas a comer poco, mejor comprarlo cortado que entero.
3. Si decides comprar un jamón entero, elige primero entre jamón o paletilla, en función del consumo previsto para los siguientes días. De un jamón de 7 kg obtendrás como mucho 3,5 kg de jamón (quitando la grasa y el hueso), que tendrás que comerte en menos de un mes si no quieres que se estropee. La paletilla suele pesar menos (entre 4,5 y 6,5 kg). Si no vas a comer tanto, compra mejor sobres o un taco del tamaño que necesites.
4. Pide que te lo dejen probar. Al final, el mejor jamón para ti es el que más te guste.
5. En caso de que no sea posible probarlo, elige una marca conocida. En caso de que no conozcas ninguna marca, opta por una procedencia oficialmente reconocida: Trévelez o Teruel (jamón serrano); Guijuelo, Dehesa de Extremadura, Jabugo o Los Pedroches (jamón ibérico).
6. En función de tus gustos y de tu presupuesto, elige entre serrano o ibérico. El primero proviene de cerdos blancos y por lo general tiene menos tiempo de curación. El segundo, de cerdos de raza ibérica y puede tener una curación de hasta 48 meses.
7. Fíjate en la etiqueta para saber lo que estás comprando. En el caso del ibérico, además de la marca y la procedencia sabrás el porcentaje de raza (100 %, 75 % o 50 %) y la alimentación que ha recibido el cerdo: cebo de granja, cebo de campo o bellotas.

8. Fíjate también en el color, que tiene que ser rojo. Cuando se trata de una pata ya empezada, puede ser un rojo oscuro si ha estado expuesta durante un rato.
9. Pide que te lo corten a mano, si es posible.
10. Si no vas a consumirlo en los próximos días, pide que te lo envasen al vacío.

Cómo conservarlo

1. Si has comprado un jamón o una paletilla, colócalos en un lugar fresco y seco de tu casa, un lugar sin corrientes de aire ni sol directo. No lo tengas junto a una fuente de calor (horno, radiador, etcétera.).
2. Después de empezar el jamón, tapa la zona por donde estás cortando con un trapo de algodón que no deje pelusa. No lo tapes con su propia grasa.
3. Corta un poco cada día, o como mucho cada dos. El corte tiene que estar vivo.
4. Si tienes previsto irte de viaje, no compres un jamón entero, compra sobres de lonchas envasadas al vacío.
5. Si, a pesar de todo, tienes que irte de viaje más de un mes, regala lo que te quede a alguien que te caiga bien. Es un delito malgastar jamón: un cerdo ha dado su vida para que tú lo puedas disfrutar y varios seres humanos lo han cuidado con esmero durante meses e incluso años.
6. Si compras sobres envasados al vacío, puedes guardarlos en la nevera. Sácalos 15-20 minutos antes de comer para que cojan la temperatura ambiente y suelten sus aceites. Cuando puedas separar una loncha de otra sin que arrastre a la que está debajo, está a punto para servir y comer.
7. Otra opción es guardar los sobres en una caja metálica opaca que pueda mantenerlos a temperatura constante.
8. Nunca nunca nunca, congeles el jamón. Ni en lonchas, ni en tacos ni de ninguna otra forma.
9. Cuando saques el sobre de la nevera, no lo calientes en el microondas ni de ninguna otra forma.
10. Cuando acabes el jamón, pide a un charcutero que te corte el hueso en pedazos de 8 o 10 cm. Guárdalos en el congelador y utilízalos como condimento para caldos y guisos.

Cómo cortarlo

1. Fija bien la pata en un soporte jamonero. Que no se mueva, ya que el jamón quedaría mal cortado y, lo peor, podrías cortarte.
2. Procura hacerte con un cuchillo jamonero (de hoja larga y delgada) y un afilador. Procura mantenerlo siempre bien afilado.
3. Haz un corte transversar y profundo a la altura del jarrete, unos dos centímetros por debajo del codillo. A partir de ahí, empieza a eliminar corteza y rancio hasta llegar a la carne. Deja un poco de grasa a cada lado.
4. Realiza cortes lo más horizontales que puedas, con lonchas no muy largas, de un tamaño que permita comérselas de un bocado.
5. Haz siempre un corte de principio a fin, empezando por la parte más cercana a la pezuña y en dirección a ti. ¡Cuidado dónde pones la mano de apoyo! Siempre debe estar detrás del cuchillo.
6. Cuando aparezca totalmente el fémur, dale la vuelta al jamón y empieza a cortar por el lado contrario. Sigue este orden: primero la maza, luego la contramaza, después la punta y finalmente lo que puedas rebañar aquí y allá (taquitos, virutas).
7. Utiliza la puntilla (o un cuchillo corto acabado en punta) para separar un poco la carne del hueso, ya sea para que las lonchas queden mejor o para hacer tacos y virutas.
8. Intenta cortar lonchas finas. El grosos ideal es cuando la hoja del cuchillo se puede entrever mientras cortas la loncha.
9. Corta y come: es la mejor manera de disfrutarlo. Si tienes que servirlo, que sea en un plato que se "coma" el mínimo de grasa posible.
10. Si quieres ir para nota, coge cada loncha con unas pinzas para depositarla en el plato. Si la coges con los dedos le "robarás" siempre un poco de su preciada grasa.